FUTURESIGHTLAB

PERMACRISI

**Quello Che Proviamo e Come Superarlo.
Strategie e Soluzioni per Cambiamenti Climatici,
Ansia, Ecologia, Politica e Futuro.**

TYPEFESSE

PERMACRISI

Copyright © 2023 di TYPEFESSE
Tutti i diritti riservati.

PERMACRISI

intro **7**

attraverso la permacrisi **9**

l'ecologia nella spirale **25**

un'economia inclusiva e sostenibile **43**

politica alla prova **67**

educazione resiliente **89**

la fragilita' psicologica **105**

il potere delle comunita' **123**

oltre la permacrisi **141**

bibliografia **151**

INTRO

Si dice spesso che l'unica costante nella vita sia il cambiamento. Tuttavia, nella società odierna, un altro elemento sembra aver raggiunto un livello di pervasività comparabile: la crisi. Non una crisi singola, con un inizio e una fine definiti, ma un susseguirsi di crisi che si intrecciano e si sovrappongono, creando uno stato di tensione e incertezza costante. Questo è il mondo della permacrisi.

Il termine Permacrisi potrebbe suonare nuovo, ma la sensazione che descrive è familiare a molti. Lo si trova nella crescente difficoltà dei giovani di intravedere un futuro stabile o sicuro. È il timore di investire nelle proprie aspirazioni personali o professionali, quando l'incertezza sembra permeare ogni decisione. È quella sensazione sfuggente di instabilità, come se il suolo sotto i nostri piedi si stesse spostando lentamente, lasciandoci in bilico tra ciò che è noto e ciò che è ignoto.

Ma cosa esattamente intendiamo quando ne parliamo?

CAPITOLO I

ATTRAVERSO LA PERMACRISI

Immaginate di entrare in una stanza piena di orologi. Ognuno batte un ritmo diverso, scandendo il tempo in modo unico. Eppure, ogni ticchettio contribuisce a un coro comune, a una melodia del tempo. Ora, immaginate che ogni orologio rappresenti un diverso aspetto del mondo, una diversa sfida che l'umanità deve affrontare. Questa è la nostra realtà nell'Antropocene, l'era in cui l'impatto umano sulla Terra è diventato così profondo da meritare un'intera epoca geologica dedicata a noi.

Cosa significa realmente Permacrisi?
Permacrisi è un termine anglosassone derivato dall'unione di *Krisis* (parola greca in origine scelta, giudizio) e del prefisso *perma-* (dal verbo permanere, rimanere a lungo) e fa riferimento a *"una condizione di*

*crisi permanente, caratterizzata dal susseguirsi e so-
vrapporsi di situazioni d'emergenza"* (Dizionario Trec-
cani- Neologismi 2022).

La permacrisi è multidimensionale e interconnessa: è il
ritmo complesso che nasce dalla combinazione di cia-
scun orologio. Essa comprende, per esempio, questioni
ambientali, economiche e sociali.
La permacrisi è cumulativa e autorinforzante: il ticchettio di ogni orologio non solo contribuisce al coro ma può
anche variare il ritmo degli altri. Le questioni ambientali, ad esempio, possono esacerbare le disuguaglianze
sociali che, a loro volta, portano a conflitti politici e instabilità economica.
La permacrisi è persistente e, sotto alcuni aspetti, irre-
versibile: una volta innescata una variazione di ticchettio nel coro può essere difficile identificarla e fermarla,
come l'emissione del gas serra o la perdita di biodiversità.

Riconoscere la permacrisi richiede la capacità di individuare, nella melodia, sia il sistema che i singoli orologi:
richiede una visione olistica e lungimirante dell'insieme
e il riconoscimento del ruolo e della responsabilità che
ogni singolo individuo ha sia nel dare il via alla melodia
sia nel tentativo di cambiarla.

*Come si riconosce e si quantifica una visione dell'insieme
della crisi?*

Ciò che non si può misurare, non si può gestire. Questo è un adagio ampiamente accettato nel mondo degli affari e della scienza. Ma come si applica a un fenomeno multidimensionale, interconnesso e persistente? Come si misura l'incalcolabile?

Il primo passo consiste nel cercare di scomporre la permacrisi nei suoi componenti. Si tratta di un compito enorme data la vastità e la complessità del fenomeno, ma non impossibile. I ricercatori di varie discipline, dalla climatologia alla sociologia, stanno già lavorando in questa direzione.

Ad esempio, per monitorare il cambiamento climatico, gli scienziati utilizzano una serie di indicatori, come la concentrazione atmosferica di gas serra, le temperature globali medie, l'estensione dei ghiacciai e il livello dei mari. Questi dati sono spesso visualizzati in grafici che mostrano le tendenze nel tempo, fornendo una sorta di "radiografia" dello stato di salute del nostro pianeta.

Analogamente, per valutare le disuguaglianze economiche, gli economisti utilizzano misure come il coefficiente di Gini o l'indice di Palma, che forniscono una stima quantitativa della distribuzione del reddito o della ricchezza all'interno di una società. Per tracciare la perdita di biodiversità, gli ecologi ricorrono a indicatori come il numero di specie a rischio di estinzione o il *Living Planet Index* (LPI), che monitora le tendenze delle popolazioni di animali vertebrati nel tempo.

Misurare i singoli componenti della permacrisi non è però sufficiente. Dobbiamo anche cercare di capire come questi componenti interagiscono tra loro, creando dinamiche. Alcuni ricercatori stanno iniziando a utilizzare modelli di sistema complessi e tecniche di intelligenza artificiale per cercare di mappare queste interazioni e prevedere possibili scenari futuri.

Nell'ambito scientifico, per esempio, un approccio all'avanguardia è l'impiego di modelli matematici e computazionali per illustrare e predire le interazioni tra i vari aspetti della permacrisi. Questi modelli, spesso implementati attraverso potenti supercomputer, non si limitano a considerare i singoli fattori in isolamento, ma invece cercano di comprendere come essi si influenzino a vicenda in un intreccio sempre più complesso.

Considerate il legame tra cambiamenti climatici e perdita di biodiversità. Un aumento della temperatura globale può portare a condizioni ambientali più estreme, che a loro volta possono mettere a rischio le specie non in grado di adattarsi. Questa perdita di biodiversità, a sua volta, può aggravare i cambiamenti climatici, dato che un ecosistema sano e diversificato gioca un ruolo chiave nel sequestro del carbonio e nel mantenimento dell'equilibrio del nostro clima.

Allo stesso tempo, queste dinamiche ecologiche sono strettamente intrecciate con questioni sociali ed economiche. Ad esempio, l'innalzamento del livello dei mari causato dai cambiamenti climatici potrebbe sfollare milioni di persone, aggravando le disuguaglianze economiche e potenzialmente alimentando tensioni sociali e politiche. In parallelo, la trasformazione digitale può influenzare sia la capacità della società di affrontare queste sfide sia la distribuzione dei benefici e dei costi associati.

Questi modelli computazionali, quindi, ci aiutano sia a visualizzare scenari futuri sia a capire come un cambiamento possa innescare una serie di reazioni a catena, amplificando o attenuando gli effetti generali. Questa prospettiva sistemica non solo ci fornisce un quadro più accurato dell'attuale situazione, ma può anche guidarci nello sviluppo di soluzioni più efficaci e sostenibili.

Per comprendere meglio il nostro impatto sulla Terra, alcuni ricercatori stanno adottando il concetto di "Pianeta al limite", o "Planetary Boundaries" (PB), concetto che è stato introdotto sulla rivista Nature nel 2009 nell'articolo *A safe operating space for humanity* da un gruppo di 28 scienziati internazionali guidati dal Prof. Johan Rockström del Stockholm Resilience Centre e dal Prof. Will Steffen dell'Università Nazionale Australiana. Questo quadro scientifico identifica e quantifica nove processi planetari chiave - tra cui il cambiamento climatico, l'integrità della biosfera (perdita di biodiversità e estinzione delle specie), l'uso del suolo e il ciclo dell'azoto e del fosforo - che regolano la stabilità e la resilienza del sistema Terra. Ognuno di questi processi ha un "limite planetario" associato, una sorta di linea rossa che non dovremmo attraversare se vogliamo evitare cambiamenti ambientali drastici e potenzialmente irreversibili. Il rispetto di questi limiti consente all'umanità di operare in un "spazio di sicurezza", nel quale è possibile uno sviluppo sostenibile. Tuttavia, gli studi successivi (tra cui *"Bounding the Planetary Future: Why We Need a Great Transition"* di Johan Rockström 2015) hanno mostrato che stiamo già oltrepassando alcuni di questi limiti, segnando un allarme rosso per l'umanità. Ad esempio, si stima che abbiamo già superato i limiti planetari per il cambiamento climatico e l'integrità della biosfera, portando il nostro pianeta in un territorio pericoloso. In questo senso, il concetto di "Pianeta al limite" fornisce uno strumento prezioso per misurare la portata e la profondità della permacrisi, offrendo un quadro globale che può aiutare i decisori politici, le aziende e i cittadini a prendere decisioni più informate e sostenibili.

Un altro approccio importante per misurare la permacrisi viene dallo studio del progresso sociale e dello sviluppo umano. Tradizionalmente, il benessere di una società è stato misurato principalmente attraverso indicatori economici, come il Prodotto Interno Lordo (PIL). Tuttavia, è sempre più riconosciuto che tali misure economiche sono insufficienti per catturare la complessità e la multidimensionalità del benessere umano.

Nel tentativo di andare oltre queste misure economiche, il Programma delle Nazioni Unite per lo Sviluppo (UNDP) ha introdotto l'Indice di Sviluppo Umano (HDI) nel 1990. Questo indice incorpora non solo il PIL pro capite, ma anche l'aspettativa di vita e l'istruzione. L'HDI rappresenta uno sforzo significativo per affrontare la sfida di misurare il benessere umano in un modo più olistico, riconoscendo che la ricchezza economica da sola non è sufficiente a garantire uno sviluppo umano completo.

Allo stesso modo, l'Indice di Progresso Sociale (SPI), sviluppato dal Social Progress Imperative, offre un'altra visione innovativa del benessere sociale. A differenza dell'HDI, lo SPI esclude completamente gli indicatori economici e si concentra invece su una serie di indicatori sociali e ambientali, come l'accesso all'acqua pulita, la libertà personale e i diritti politici. Questo indice è stato utilizzato in diverse pubblicazioni scientifiche e report, compreso il Global Progress Report (Porter et al., 2015), per tracciare le tendenze del progresso sociale a livello globale e nazionale. Entrambi questi indici - l'HDI e lo SPI - rappresentano tentativi importanti di misurare la permacrisi in termini sociali. Mostrano che, nell'affrontare la crisi, dobbiamo considerare non solo la nostra relazione con l'ambiente naturale, ma anche la nostra relazione con noi stessi come società. Solo attraverso una comprensione dettagliata delle sue dinamiche, possiamo elaborare strategie efficaci per mitigarne gli effetti e trovare una soluzione.

Qual è l'origine dello stato di crisi in cui ci troviamo?
Non esiste una singola risposta a questa domanda, né una singola causa che possiamo isolare e considerare come l'origine del tutto: è l'effetto di un intricato intreccio di forze e processi che si sono accumulati nel corso dei secoli.

Immergiamoci in una visione evocativa. Pensiamo ad un vasto campo, un foglio bianco sulla tavolletta della natura, pronta a ricevere i semi del futuro. Ogni seme che piantiamo è un ricordo della decisione che abbiamo preso (ad esempio, di coltivare un campo di girasoli), un'azione che abbiamo intrapreso (come piantare i semi), una rotta che abbiamo tracciato (implementando le tecniche di coltivazione più efficaci). Nonostante le nostre intenzioni, il risultato finale può essere imprevedibile: i girasoli che sorgono potrebbero non somigliare a quelli che avevamo immaginato. Ripercorrendo il passato, possiamo individuare quegli ingranaggi fuorviati che hanno influenzato il corso della storia, modellando i girasoli attuali.

Per lunghi periodi della storia umana, l'efficienza e la produttività sono state gli idoli cui abbiamo reso culto, acceleratori che hanno spinto il progresso globale a livelli strabilianti, moltiplicando la popolazione e innalzando la qualità della vita. La corsa sfrenata alla produzione e l'alienazione dei beni comuni sono diventate le fondamenta del sistema capitalista in cui siamo cresciuti.

Qui emerge il concetto di permacrisi. Oggi può rappresentare una svolta epocale, un'occasione per mettere in discussione un modello socio-culturale che ha raggiunto i limiti della sua sostenibilità, e per innescare la transizione verso un nuovo paradigma, più genuino e consapevole. Ognuno di noi, nel suo ambito, può decidere di fare la propria parte in questa trasformazione.

Prima di intraprendere tale cammino, dobbiamo sondare le profondità della crisi, comprenderne le molteplici sfaccettature e analizzare come ciascuna di esse si manifesta e si intreccia con le altre. Solo così potremo disegnare una mappa accurata del presente e navigare verso un futuro più sostenibile.

Ponendo lo sguardo sul passato, la storia ci mostra che il concetto di permacrisi non è del tutto nuovo. Gli esseri umani hanno attraversato periodi tumultuosi, ricchi di sfide insidiose e interconnesse, periodi in cui la sfera sociale, economica e ambientale si sono intrecciate in maniera critica. Uno dei casi più emblematici che rievoca l'attuale situazione è la Crisi dell'Antica Roma.

Durante il II secolo d.C., l'Impero Romano era al culmine della sua potenza, abbracciando un territorio vastissimo, ma iniziò a vacillare di fronte a un insieme di problematiche che oggi definiremmo come una permacrisi. Questa situazione fu determinata da una serie di problematiche interconnesse: crisi economiche, pressioni ambientali, instabilità politica, tensioni sociali e minacce esterne.

Sul fronte economico, l'Impero fu scosso da periodiche fasi di inflazione e deflazione, exacerbate dalla dipendenza da una economia basata sulla conquista e sullo sfruttamento di nuovi territori, modello non sostenibile nel lungo termine. L'esaurimento delle frontiere, combinato con la diminuzione del bottino delle guerre, portò a un declino economico che si ripercosse sulla società romana sotto forma di carestie e disordini civili.

La crisi ambientale rappresentava un altro aspetto fondamentale di questa complessa equazione. Le pratiche agricole insostenibili e il disboscamento intensivo provocarono l'erosione del suolo, compromettendo la produttività agricola e quindi la sostenibilità dell'intero impero. Allo stesso tempo, le malattie legate all'igiene e alle cattive condizioni di vita nelle città in crescita si diffusero, aumentando ulteriormente le tensioni sociali.

Sul piano politico, l'Impero fu scosso da una serie di guerre civili e cambi di leadership. Questi conflitti interni minarono la capacità di Roma di rispondere in modo efficace alle pressioni esterne, come le invasioni barbariche. Nonostante ci fossero stati tentativi di riforma, l'incapacità di affrontare in modo efficace queste crisi multiple portò infine al crollo dell'Impero Romano d'Occidente nel 476 d.C.

E poi il XIV secolo: un periodo in cui il vecchio continente, l'Europa, era precipitato in un vortice di crisi. La famigerata Peste Nera fu, di fatto, solo l'epilogo di un periodo di sconvolgimenti su più livelli. All'inizio del secolo, l'Europa era anche avvolta nella spira di un fenomeno climatico noto come la Piccola Età Glaciale. I cambiamenti climatici sono sempre stati una parte integrante della storia del nostro pianeta, e durante questo intervallo, la terra sperimentò una diminuzione della temperatura media. Questo influenzò negativamente l'agricoltura, causando raccolti scarsi che, a loro volta, portarono a carestie e una crescente instabilità sociale. Nel frattempo la guerra dei Cent'Anni, iniziata nel 1337, strappava la tranquillità dalle mani delle popolazioni di Inghilterra e Francia, generando un'ulteriore dose di caos e sconvolgimento.

Se spostiamo l'attenzione verso la fine del XVIII secolo, troveremo un altro intreccio di crisi politiche, sociali ed economiche che scossero le fondamenta dell'ordine mondiale: le rivoluzioni.

La Rivoluzione Americana, un conflitto che era nato dalla resistenza contro il dominio britannico e la percezione di un'oppressione fiscale, era in realtà l'esplosione di tensioni sociali che erano cresciute per anni all'interno delle colonie. La Rivoluzione Francese si sviluppò su un terreno reso fertile da una crisi finanziaria, disuguaglianze sociali marcanti e una classe dirigente che sembrava incapace di gestire l'ordine sociale. Questi eventi radicalmente rivoluzionari non solo riscrissero l'ordine politico dell'epoca, ma servirono anche come preludio per la nascita del concetto di democrazia moderna.

Arriviamo così al XIX secolo, con la nascita del capitalismo industriale. Se da un lato ha favorito una crescita economica senza precedenti, dall'altro ha alimentato la disuguaglianza economica e ha gettato le basi per l'attuale crisi climatica. Il consumismo, l'espansione incontrollata e l'uso intensivo di combustibili fossili sono conseguenze dirette di questo periodo.

Infine, il XX secolo. Questo periodo, che può sembrare vicino a molti di noi, vide un'escalation di crisi globali che sconvolsero il mondo come poche volte nella storia. La Prima Guerra Mondiale, scatenata dall'assassinio dell'Arciduca Franz Ferdinand d'Austria nel 1914, fu un evento che, come un castello di domino, fece crollare l'intero equilibrio mondiale. Milioni di vite furono perdute, e l'ordine politico ed economico globale fu sconvolto e risistemato secondo nuove, inedite linee di forza. Pochi anni dopo la fine della guerra, il mondo fu colpito dalla Grande Depressione. Questa crisi economica di portata globale innescò una spirale di disoccupazione, creando un livello di povertà su larga scala che non era mai stato visto prima. Le tensioni politiche e sociali alimentate da queste circostanze portarono, infine, alla Seconda Guerra Mondiale, un altro periodo di conflitto globale che ancora una volta riplasmò la faccia del mondo.

Il XX secolo è anche l'era dello sviluppo neoliberale, con il suo focus sulla deregolamentazione, sulla libera concorrenza e sulla globalizzazione. Se da un lato ha creato ricchezza e opportunità per alcuni, dall'altro ha amplificato le disuguaglianze, rendendo più fragili le economie nazionali e alimentando l'alienazione sociale.

Quali lezioni possiamo trarre da questi episodi?
La prima è la consapevolezza che le crisi interconnesse richiedono soluzioni integrate. Il declino dell'Impero Romano, per esempio, non fu causato da un unico fattore, ma dalla convergenza di diversi fattori correlati. Il tentativo di affrontare queste sfide in maniera isolata,

piuttosto che come un sistema interconnesso, contribuì al fallimento dei progetti di riforma.

In secondo luogo, la Crisi dell'Antica Roma sottolinea l'importanza della resilienza socio-ecologica. La resilienza di una società non è solo una questione di robustezza economica o militare, ma dipende anche dalla sua capacità di mantenere e rigenerare i servizi ecosistemici di cui dipende. Questa lezione è particolarmente rilevante oggi, in un'era in cui le sfide ambientali rappresentano una minaccia esistenziale.

Infine, la storia ci ricorda che il cambiamento è possibile, anche di fronte a una crisi apparentemente insormontabile. Dopo le guerre mondiali l'Europa non scomparve. Anzi, nei secoli successivi, sorsero nuove forme di organizzazione sociale, economica e politica. Questa capacità di adattamento e innovazione, di "rifare il mondo" anche in mezzo alle rovine, è un aspetto fondamentale della resilienza umana.

Come sottolinea lo scrittore e storico Yuval Noah Harari, la storia non deve essere vista solo come una serie di disastri, ma anche come un catalogo di lezioni apprese, di errori da non ripetere.

Abbiamo compreso che le permacrisi sono complesse e interconnesse e richiedono un approccio olistico e integrato: non possiamo affrontare un'unica sfida alla volta, ignorando l'intreccio di problemi che esistono, dobbiamo adottare un modo di pensare e agire in cui il nostro sguardo si estenda su tutti gli orologi della stanza e sulla loro melodia comune.

La resilienza socio-ecologica si presenta come una virtù necessaria. Non possiamo sottovalutare l'importanza di mantenere l'equilibrio tra il benessere umano e quello del pianeta. Dobbiamo sviluppare una consapevolezza del nostro ruolo all'interno dell'ecosistema globale e cercare soluzioni che siano sostenibili e rispettose delle risorse naturali che ci circondano.

Al contempo, l'importanza delle relazioni autentiche e la valorizzazione dell'unicità di ogni individuo nella comunità sono punti centrali nell'affrontare la permacrisi. Dobbiamo coltivare la nostra connessione con gli altri, creando legami che ci rendano parte di un tutto più grande, in cui la singolarità di ciascuno contribuisce alla melodia condivisa. La cultura deve, invece, curare e nutrire la nostra umanità. Dobbiamo valorizzare l'arte, la letteratura, la filosofia e tutte le forme di espressione umana che ci connettono con le profondità dell'essere umano e ci aiutano a comprendere il nostro posto nel mondo. Dobbiamo liberarci dalla mentalità del consumo, che ci ha guidato verso l'esaurimento delle risorse e ci ha distanziato dalla nostra vera essenza. Spazio per e delle persone perché è solo attraverso l'attenzione e la cura dell'altro che possiamo costruire un futuro sostenibile e armonioso.

Infine, dobbiamo abbracciare la curiosità e respingere la paura.

Lasciamoci ispirare dal desiderio di conoscere, di esplorare nuove idee e soluzioni. Siamo di fronte a una crisi ma è proprio in questo contesto di incertezza che possiamo coltivare una mente aperta e pronta a trasformare le sfide in opportunità. In questo viaggio attraverso la permacrisi, l'umanità è chiamata a superare le divisioni e a unirsi in un coro comune, in cui ogni individuo e ogni società contribuiscono con la propria voce unica, ma armonizzata con il tutto.

Questo viaggio appena iniziato ci porterà a esplorare e approfondire i concetti di ecologia ed economia circolare, di relazioni autentiche e umane, di cultura come cura e di una società che riscopre la sua umanità. Lungo il cammino, saremo chiamati a riflettere sulle radici della permacrisi, sulle soluzioni possibili e sulle azioni concrete che ci consentiranno di abbracciare il cambiamento.

CAPITOLO 2

L'ECOLOGIA NELLA SPIRALE

L'essere umano, nel corso della sua esistenza, ha scolpito sul pianeta segni indelebili, come un artista che, col pennello in mano, disegna su una tela candida. Ma spesso, le linee tracciate sono state più simili a graffi che a pennellate d'arte. Inizia, allora, un viaggio che ci conduce verso il cuore di ciò che è stata, e ciò che potrebbe essere, la Terra.

Se ci concedessimo una breve pausa e ci distanziassimo per un attimo, scrutando l'opera d'arte da noi realizzata, ci renderemmo conto che non tutte le sue componenti risplendono di bellezza: città stracolme, mari inquinati, foreste in fiamme: queste sono le cicatrici che abbiamo impresso sulla superficie del nostro pianeta.

E se per un magico sortilegio, domani, l'uomo dovesse scomparire? Cosa resterebbe delle sue azioni? "Il mondo senza di noi" è un'ipotesi affascinante che apre le porte a riflessioni profonde. Come un castello di sabbia sulla spiaggia, molte delle nostre costruzioni si dissolverebbero con il passare del tempo, inghiottite dalla natura che, paziente, attende sempre il suo momento per riaffermare la sua dominanza.

Giorni dopo la nostra scomparsa, senza l'intervento umano per mantenerli, i sistemi di alimentazione elettrica cesserebbero di funzionare. L'oscurità avvolgerebbe le nostre città. Gli impianti industriali, senza manutenzione, inizierebbero a deteriorarsi rapidamente. Le strutture in acciaio, senza la protezione della pittura e dell'ossidazione controllata, inizierebbero a corrodersi. Nelle settimane successive, gli animali domestici e il bestiame, privi di cibo e acqua, si disperderebbero in cerca di risorse, ritornando gradualmente allo stato selvatico. Senza la presenza umana, la fauna selvatica inizierebbe a migrare e colonizzare nuove aree, ristabilendo equilibri perduti o creandone di nuovi. Città e metropoli diventerebbero nuovi habitat: i lupi potrebbero vagare per le strade di New York, gli elefanti per le autostrade di Los Angeles. Nel giro di un anno, strade e marciapiedi sarebbero ricoperti di vegetazione. L'acqua inizierebbe a infiltrarsi nelle infrastrutture, danneggiando fondamenta e strutture. I grattacieli, privi di manutenzione e esposti agli elementi, vedrebbero le loro facciate cadere, mentre le strutture interne, corrode dal tempo e dall'acqua, cederebbero. Dopo una decina d'anni, le dighe inizierebbero a cedere sotto la pressione dell'acqua accumulata, liberandone enormi quantità nei fiumi e alterando i paesaggi fluviali. Le città costiere, senza manutenzione delle infrastrutture che le proteggono, sarebbero sommerse dall'innalzamento del livello del mare e dalle maree. Un secolo senza umani vedrebbe foreste ricrescere in aree che una volta erano campi coltivati. La natura reclamerebbe terreni e spazi, avvolgendo e inglobando le opere dell'uomo. E, mentre molti degli edifici moderni sarebbero ormai solo rovine, alcune costruzioni antiche, come la Grande Muraglia Cinese o le Piramidi d'Egitto, resisterebbero ancora, testimoni di una specie scomparsa. Dopo mille anni, l'unico segno tangibile della presenza umana potrebbe essere i cambiamenti climatici indotti dalle nostre attività industriali e le strutture profondamente sepolte o protette dagli elementi. Il ritmo lento ma implacabile con cui la natura riconquista e riadatta ciò che abbiamo costruito è una potente testimonianza della sua forza e resilienza. E, mentre questa visione può sembrare cupq, ci offre anche una prospettiva umile sulla nostra presenza e sul nostro impatto su questo pianeta.

L'assenza dell'uomo potrebbe offrire alla natura la possibilità di rigenerarsi, di tornare a fiorire in tutto il suo splendore. Ma dobbiamo davvero aspettare questo estremo scenario per comprendere l'eredità che lasceremmo?

L'eredità vera, quella che conta, non si misura nei monumenti di cemento o nelle strade asfaltate, ma nell'armonia che siamo stati capaci di creare con l'ambiente che ci circonda. E su questa armonia siamo chiamati a riflettere, non con rimpianto, ma con responsabilità e speranza per il futuro.

Il susseguirsi delle ere geologiche ha visto il nostro pianeta attraversare momenti drammatici, momenti in cui la vita sembrava essere sul punto di esaurirsi per sempre. E in ognuna di queste epoche, la Terra ha tremato, mutato, e rigenerato, dando spazio a nuove forme di vita.

Ma la natura ha il suo ritmo, un ritmo che l'uomo, con le sue attività, ha accelerato. Ci troviamo ora di fronte a quella che alcuni chiamano la "Sesta Estinzione". Questo periodo, però, ha una peculiarità che lo distingue dai precedenti: il ruolo predominante dell'uomo come principale catalizzatore. La rapidità con cui specie animali e vegetali stanno scomparendo dal nostro pianeta non ha precedenti, e siamo noi, con le nostre azioni, a scrivere questo capitolo della storia della Terra.

Il confronto con il passato ci offre una lente di ingrandimento, attraverso la quale possiamo meglio comprendere la gravità della situazione attuale. Si tratta di una lente che Elizabeth Kolbert ha sapientemente utilizzato per illustrare, con precisione ed empatia, il fragile equilibrio che regola la biodiversità del nostro pianeta.

Le precedenti cinque estinzioni di massa hanno avuto varie cause, dalla vulcanologia all'impatto di asteroidi. Il più famoso di questi eventi, l'estinzione del Cretaceo-Paleogene, ha visto la fine dei dinosauri a causa dell'impatto di un asteroide. Queste estinzioni, pur devastanti, erano il risultato di eventi naturali. La sesta estinzione, invece, è diversa. Kolbert evidenzia come la deforestazione, la pesca eccessiva, l'introduzione di specie invasive, l'inquinamento, l'acidificazione degli oceani e, naturalmente, i cambiamenti climatici, stiano contribuendo a un tasso di estinzione mai visto in precedenza. Si stima che il tasso attuale di estinzione delle specie sia tra 100 e 1.000 volte superiore rispetto al tasso naturale di fondo. Nel suo libro, Kolbert viaggia in tutto il mondo per documentare le storie di specie sull'orlo dell'estinzione. Una di queste è la storia della rana Panamaniana, gravemente colpita da una malattia fungina diffusa a causa del commercio globale e dei cambiamenti climatici. Oppure il rinoceronte di Sumatra, la cui popolazione è diminuita a causa della distruzione dell'habitat e della caccia. Queste storie, e molte altre, rappresentano un campanello d'allarme sulla perdita di biodiversità.

La sesta estinzione ha gravi implicazioni anche per l'umanità. La perdita di biodiversità può compromettere ecosistemi interi, rendendo meno stabili le catene alimentari e rendendo più vulnerabili le popolazioni umane a malattie e carestie. Una volta persa, la biodiversità non può essere facilmente recuperata. Se una specie si estingue, il suo ruolo ecologico può rimanere vacante per lungo tempo, alterando l'equilibrio dell'ecosistema.

E se è vero che la storia tende a ripetersi, è anche vero che, in ogni ripetizione, ci sono delle variazioni. L'uomo ha sempre avuto la capacità di adattarsi, di trovare soluzioni ai problemi che si trova di fronte. Ma questa volta, la sfida è diversa: non si tratta solo di adattarsi, ma di cambiare rotta, di riscrivere il nostro rapporto con la natura.

Il cambiamento climatico non è più una profezia lontana, un'ombra sullo sfondo di scenari futuri. È una realtà tangibile, presente nel nostro quotidiano, nelle estati infuocate e negli inverni imprevedibili, nelle piogge torrenziali e nelle prolungate siccità. Le conseguenze del cambiamento climatico sono molteplici e complesse, toccando sfera sociale, economica, sanitaria e, ovviamente, ambientale. Si va dalla riduzione delle risorse idriche alla perdita di biodiversità, dall'incremento delle malattie trasmesse da zanzare e insetti alla migrazione di intere popolazioni a causa della salinizzazione dei suoli o dell'innalzamento del livello del mare.

Di fronte a tali sfide, l'adattamento, come lo abbiamo concepito fino ad ora, appare limitato. L'approccio dell'umanità all'adattamento ai cambiamenti climatici è stato vario e spesso reattivo piuttosto che preventivo. Non si tratta più solo di costruire muri più alti o di trovare nuove fonti di energia, ma di ripensare il nostro modo di vivere, di relazionarci con l'ambiente, di concepire lo sviluppo e la prosperità. Questo è il cuore della

"Deep Adaptation", un approccio che va al di là delle soluzioni tecniche, affrontando le radici stesse della crisi.

La "Deep Adaptation" ci invita a riflettere su quattro domande fondamentali:

1. Resilienza: come possiamo mantenere ciò che vogliamo conservare del nostro modo di vivere attuale di fronte alle sfide climatiche?
2. Rinuncia: di cosa dobbiamo liberarci, quali pratiche o modelli di vita sono ormai obsoleti e dannosi nel contesto attuale?
3. Ristoro: come possiamo rigenerarci e riportare in vita ciò che è stato perduto o danneggiato?
4. Riconciliazione: come possiamo riconciliarci con noi stessi, con gli altri e con la natura, in un contesto di inevitabile cambiamento?

Questi principi forniscono una guida per adattare le nostre società in modo efficace di fronte alle sfide sempre più gravi del cambiamento climatico. La resilienza implica la preparazione per gli impatti climatici, come inondazioni, siccità o tempeste, in modo che le comunità e le infrastrutture siano in grado di resistere a tali eventi. Questo può comportare la costruzione di barriere contro le inondazioni, la promozione di sistemi agricoli resistenti al clima e la diversificazione delle fonti di approvvigionamento alimentare. La rilocalizzazione diventa importante quando alcune aree diventano inabitabili a causa degli impatti climatici. Può prevedere il trasferimento di comunità in luoghi più sicuri o la promozione della migrazione guidata per evitare pericoli. La riduzione delle emissioni di gas serra e delle attività che contribuiscono al cambiamento climatico è cruciale per frenare il riscaldamento globale. Ciò implica la transizione verso fonti di energia rinnovabile, la promozione della mobilità sostenibile e la riduzione dello spreco di risorse. L'approccio Deep Adaptation è stato sviluppato da Jem Bendell, autore del documento "Deep Adaptation: Navigating the Realities of Climate Chaos." Questo sistema mette in evidenza la crescente incertezza e i rischi legati al cambiamento climatico e sottolinea l'importanza di preparare le società a fronteggiare queste sfide in modo pragmatico e diretto, offrendo una prospettiva pratica su come possiamo affrontare le sfide future in modo efficace.

La crescita, nel corso degli anni, è diventata il mantra delle nostre società moderne, la bussola che indica la direzione del progresso. Il Pil, l'aumento della produzione, l'espansione delle frontiere tecnologiche: tutti segni tangibili di un mondo in movimento, di popolazioni che ambiscono a un benessere sempre crescente. Ma ogni crescita ha i suoi limiti e, come una pianta in un vaso troppo piccolo, può soffocare se non trova nuovo spazio.

Già negli anni '70, il Club di Roma, con il suo rapporto "I limiti dello sviluppo", aveva sollevato dubbi sulla sostenibilità di una crescita illimitata in un mondo dai confini definiti. L'equazione era semplice ma allo stesso tempo inquietante: risorse finite, crescita infinita. Non serve essere matematici per capire che qualcosa, prima o poi, dovrà cedere.

Il rapporto ha utilizzato modelli computerizzati per simulare scenari futuri, rivelando come il modello di crescita economica vigente avrebbe portato a un crollo economico e sociale a causa dell'esaurimento delle risorse e dell'inquinamento. Queste simulazioni hanno dimostrato che era necessario agire prontamente per evitare conseguenze catastrofiche.

Mentre alcuni critici lo hanno accusato di essere troppo pessimista, altri lo hanno visto come un monito urgente a prendere sul serio le sfide ambientali. Ha contribuito a gettare le basi per il movimento ambientalista moderno e ha influenzato politiche e decisioni in materia di sostenibilità.

Eppure, la voce del Club di Roma non è stata l'unica. Molti altri hanno sollevato simili preoccupazioni, ma l'ingranaggio economico, spinto da una logica di profitto a breve termine, ha continuato a macinare, spesso ignorando gli allarmi.

Ora, con le conseguenze del cambiamento climatico sempre più evidenti e la crescente consapevolezza dell'importanza della sostenibilità, si avverte la necessità di cercare nuovi paradigmi. Non basta "crescere" in termini numerici, è il concetto stesso di crescita che deve essere ripensato. Dobbiamo chiederci: crescita per chi? E a quale costo?

Si parla sempre più di "decrescita felice", di economia circolare, di sviluppo sostenibile, dove il benessere non si misura solo in termini di Pil, ma anche in termini di qualità della vita, equità e rispetto per l'ambiente. Sono emersi modelli economici alternativi che sfidano l'ortodossia della crescita continua, proponendo un equilibrio più armonico tra uomo e natura.

Una nuova parola, recentemente coniata, può suonare come una sorta di studio accademico arcano, eppure rappresenta una delle sfide più pressanti del nostro tempo: Collapsologia.
Si tratta dello studio del collasso delle civiltà, dell'analisi delle dinamiche che portano società complesse a declinare o crollare.
Se ci voltiamo indietro nella storia, troveremo che molte civiltà, apparentemente invincibili, sono cadute sotto il peso delle loro stesse contraddizioni. Ma cosa ha a che fare tutto ciò con la nostra realtà attuale? Molto, in effetti. La Collapsologia non studia solo i collassi passati, ma guarda anche alle vulnerabilità della nostra società moderna, esaminando i segnali di avvertimento che, troppo spesso, vengono ignorati.
L'inazione di fronte al cambiamento climatico è uno di questi segnali. L'accumulo di gas serra nell'atmosfera porta all'aumento del riscaldamento globale, che, a sua volta, provoca la fusione dei ghiacciai in Groenlandia e nell'Antartide. Questo fenomeno comporta un crescente livello del mare, minacciando le comunità costiere in tutto il mondo e causando migrazioni di massa e conflitti legati all'accesso a terre abitabili. Allo stesso tempo, l'intensificarsi degli eventi climatici estremi,

come uragani, inondazioni e siccità, è una conseguenza diretta del riscaldamento globale. Questi eventi mettono a rischio l'agricoltura e l'approvvigionamento idrico, portando a una crisi alimentare che si riflette in carestie e insicurezza alimentare su scala globale. Le conseguenze di tutto ciò non si limitano all'ambito alimentare: la fame, la migrazione forzata e la competizione per risorse scarse possono causare disordini sociali e conflitti su scala internazionale, con implicazioni significative. Questi disordini, a loro volta, possono contribuire al collasso economico, causando perdite economiche considerevoli su scala globale e regionale. Inoltre, gli eventi climatici estremi possono portare a emergenze sanitarie, sovraffollando i sistemi sanitari e compromettendo la capacità di risposta alle pandemie.

Tutti questi fattori interagiscono in una catena di eventi interconnessi, accelerando il collasso di sistemi complessi su scala globale.

Questo scenario evidenzia come la collapsologia si concentri sul riconoscimento dei rischi associati a tali interconnessioni, spingendo per una comprensione più profonda dei fattori che
possono innescare o accelerare il collasso, ma malgrado le prove schiaccianti e gli appelli incessanti da parte della comunità scientifica, la macchina politica ed economica fatica a deviare dalla sua rotta. Perché? Perché il cambiamento fa paura. Sradicare decenni, se non secoli, di pratiche consolidate richiede coraggio, visione e, soprattutto, una volontà collettiva.

Nelle pieghe della nostra società, ci sono innumerevoli iniziative che sfidano l'inerzia dominante. Dall'agricoltura rigenerativa alle comunità energetiche rinnovabili, dalle economie locali ai movimenti per la giustizia sociale e ambientale, c'è una crescente ondata di persone che non sono più disposte ad aspettare che i "grandi" prendano decisioni. Stanno creando il cambiamento che vogliono vedere, un passo alla volta.

Questo risveglio collettivo ci fa capire una cosa: l'azione è l'antidoto alla disperazione. Ciò che conta davvero è la capacità di agire, di trasformare l'inerzia in movimento, la passività in partecipazione attiva.

Il modo in cui trattiamo il denaro e l'economia è, in molti modi, il riflesso di come vediamo noi stessi e il mondo intorno a noi. Un sistema che premia l'accumulazione, la competizione e il guadagno a breve termine tende a trascurare i valori più profondi di connessione, cura e sostenibilità. Ma cosa succederebbe se riconsiderassimo tutto ciò? Se il cuore dell'economia pulsasse al ritmo della natura, della comunità e del bene comune?

Qui entra in gioco la "Sacred Economics". Non si tratta di una semplice utopia né di un ritorno a un passato idealizzato, ma di una visione radicale di come potrebbe funzionare un'economia basata su principi di equità, reciprocità e rispetto per la Terra.
Il denaro non sarebbe più un semplice strumento di scambio, ma un legame, un modo per riconoscere e onorare il valore intrinseco delle persone, delle comunità e dell'ambiente.

Si tratta di vedere oltre il profitto e riconoscere che il vero "capitale" non è rappresentato solo dai beni e dai servizi, ma anche dalle relazioni, dalla cultura, dalla salute dei nostri ecosistemi.

Alcune iniziative in tutto il mondo stanno già sperimentando questi principi. Banche di tempo, monete locali, sistemi di scambio basati sulla reciprocità e iniziative imprenditoriali che mettono al centro la sostenibilità e il benessere della comunità sono solo alcune delle espressioni di questa nuova visione economica.

Sistema di Valuta Locale di Bristol (Bristol Pound), Regno Unito: Bristol ha introdotto una valuta locale chiamata "Bristol Pound", con l'obiettivo di sostenere le imprese locali e promuovere l'economia comunitaria. Questa valuta può essere utilizzata solo all'interno della città e incoraggia gli abitanti a fare acquisti locali.

Banche del Tempo in tutto il mondo: Le banche del tempo sono presenti in molte città. Ad esempio, il "Hour Exchange" di Portland, Oregon, consente ai membri di scambiare ore di servizio. Le persone possono offrire competenze come il giardinaggio o l'insegnamento in cambio di servizi simili da parte di altri membri.

Imprese Sociali come la cooperativa "Mondragón", Spagna: La cooperativa Mondragón è uno dei più grandi gruppi di imprese sociali al mondo. Fondata nel 1956, si basa su principi di cooperazione, partecipazione e reinvestimento dei profitti nella comunità. Offre una varietà di servizi, dall'istruzione alla produzione industriale.

Sistema di Car-Sharing Zipcar, Internazionale: Zipcar è un servizio di car-sharing presente in molte città in tutto il mondo.
Le persone possono noleggiare auto per brevi periodi, riducendo la necessità di possedere un veicolo e incoraggiando la condivisione delle risorse.

Iniziative di Agricoltura Urbana, Città Globali: Molte città stanno promuovendo l'agricoltura urbana, con progetti che consentono ai residenti di coltivare cibo localmente.
Ad esempio, a Londra, ci sono giardini comunitari e progetti di coltivazione negli spazi pubblici.

Comunità di Scambio di Abbigliamento e Beni, Internazionale: App e comunità online, come Freecycle, consentono alle persone di condividere abbigliamento e oggetti domestici. Ci sono anche negozi di scambio fisici, dove le persone possono portare abiti che non usano più e scambiarli con altri.

Ma, come ogni cambiamento radicale, l'adozione di una Sacred Economics richiede anche un cambiamento nella mentalità collettiva. Dobbiamo imparare a vedere la ricchezza non solo in termini di ciò che possediamo, ma anche di ciò che condividiamo. Dobbiamo riconoscere che la vera prosperità non si basa sulla quantità, ma sulla qualità delle nostre interazioni, sul modo in cui ci prendiamo cura gli uni degli altri e del mondo che ci circonda.

In questa nuova economia, la crescita non viene misurata solo in termini di aumento della produzione o del Pil, ma anche in termini di benessere collettivo, di resilienza delle comunità e di rigenerazione ambientale. Una visione che non solo sfida le ortodossie attuali, ma offre anche una luce di speranza in un mondo afflitto da disuguaglianze e crisi ecologiche.

In ogni angolo del mondo, piccole scintille di resistenza stanno accendendo fuochi di speranza. Movimenti globali e locali emergono, uniti da un unico obiettivo: salvare il nostro pianeta e garantire un futuro sostenibile per le generazioni a venire. Non si tratta solo di ecologia, ma di giustizia, equità e diritti umani.

Mentre le grandi corporazioni e alcune politiche governative sembrano spesso indifferenti alle minacce del cambiamento climatico e alla perdita di biodiversità, la società civile si sta organizzando. Giovani attivisti, come quelli di Fridays for Future, stanno prendendo le strade delle città, richiedendo azioni concrete contro il cambiamento climatico. Agricoltori e comunità indigene in varie parti del mondo stanno combattendo per proteggere le loro terre, l'acqua e la biodiversità dalle incursioni delle multinazionali.

In mezzo a questi movimenti, emergono anche nuovi paradigmi di pensiero. L'idea che l'umanità e la natura siano interconnesse, che il benessere di uno dipenda dal benessere dell'altro, sta guadagnando terreno. Si tratta di un cambiamento radicale rispetto all'approccio dominante che vede la natura come una risorsa da sfruttare.

Ma c'è di più. Questi movimenti non sono isolati gli uni dagli altri. C'è una crescente consapevolezza della necessità di lavorare insieme, di unire le forze per affrontare le sfide globali. Si tratta di una forma di solidarietà che trascende le frontiere, le culture e le classi sociali.

In tutto questo, la potenza delle comunità locali emerge in maniera preponderante. Le soluzioni più efficaci e sostenibili spesso provengono dal basso, da comunità che comprendono meglio di chiunque altro le specifiche sfide e opportunità del loro contesto. Che si tratti di progetti di riforestazione in Africa, di comunità energetiche rinnovabili in Europa o di conservazione della biodiversità nelle Americhe, è chiaro che l'azione locale ha un impatto globale.

La domanda, quindi, non è se possiamo affrontare le sfide ecologiche e sociali del nostro tempo, ma come. Come possiamo amplificare le voci di coloro che stanno già facendo la differenza? Come possiamo costruire ponti tra movimenti e iniziative, rafforzando la nostra capacità collettiva di creare un futuro più giusto e sostenibile?

la capacità dell'umanità di adattarsi, evolversi e rinascere ha un nome: resilienza. Non è solo una parola di moda, è il cuore pulsante di una nuova era.

La resilienza non significa semplicemente resistere alle tempeste che ci travolgono, ma anche saper rialzarsi con una forza rinnovata, con una chiarezza di visione

ancor maggiore. Questa resilienza non nasce dalla negazione o dall'isolamento, ma dall'interconnessione. È la comprensione profonda che le nostre sorti sono intrecciate, che la salute di un singolo ecosistema riflette la salute dell'intero pianeta. E mentre guardiamo avanti, vediamo un orizzonte colmo di possibilità.
Un futuro in cui le comunità prosperano in armonia con la natura, dove l'economia serve l'umanità e non il contrario. Un mondo in cui la crescita è misurata non solo in termini materiali, ma anche in termini di connessioni, di creatività e di cura. Il rinnovamento non è un'utopia distante, ma una realtà in costruzione. Ogni giorno, in ogni angolo del mondo, persone ordinarie compiono scelte straordinarie. Scelte che privilegiano la sostenibilità, la giustizia e la collaborazione. Questo è il potere del rinnovamento: trasformare le crisi in opportunità, le sfide in innovazioni.

La strada che abbiamo davanti non sarà facile. Troveremo sicuramente ostacoli, contraccolpi e momenti di dubbio. Ma abbiamo anche una risorsa inestimabile: l'esperienza collettiva e la saggezza di generazioni che hanno affrontato e superato sfide inimmaginabili. La nostra storia, infatti, non è fatta solo di cadute, ma anche e soprattutto di risalite.

È essenziale non guardare indietro con nostalgia o avanti con trepidazione, ma piuttosto con un senso di determinazione e di speranza.

CAPITOLO 3

LA NECESSITA' DI UN'ECONOMIA

INCLUSIVA E SOSTENIBILE

Economia deriva dalla parola greca "oikonomia"(amministrazione della casa) ed è, in sostanza, lo studio delle scelte. È l'esplorazione di come gli individui, le imprese e le società decidono di utilizzare le risorse limitate per soddisfare i loro bisogni e desideri, è uno specchio attraverso il quale osserviamo noi stessi, il mondo e il modo in cui lo abitiamo. Se lo scambio di beni e la riflessione su questioni legate al valore della moneta sono antichi quanto la civiltà stessa, l'economia come la conosciamo oggi, ha iniziato a prendere forma principalmente nel XVIII secolo con l'avvento dell'*economia politica*.

La transizione da baratto a sistemi economici complessi è stata influenzata da rivoluzioni industriali, sviluppi tecnologici, colonizzazione, globalizzazione e cambiamenti socio-politici. Essa riflette una storia dinamica con la continua evoluzione della società e delle sue aspirazioni. In ogni era, l'umanità ha cercato di trovare il giusto equilibrio tra libertà individuale e benessere collettivo, tra progresso e equità. Questa ricerca, come dimostra la storia, non è mai conclusa. Ce ne parla Adam Smith nel suo libro "*La ricchezza delle nazioni*" (1776) che rappresenta un netto distacco dalle visioni precedenti che vedevano l'economia come un attività di puro scambio. Smith sosteneva che in un sistema di libero mercato, se ogni individuo avesse operato in base al proprio interesse personale, queste azioni individuali, pur egoistiche in apparenza, avrebbero avuto un effetto benefico sull'intera società. Ogni individuo, cercando il proprio guadagno, sarebbe stato guidato da una "*mano invisibile*" a promuovere un fine che non rientrava nelle sue intenzioni. Così, senza saperlo, egli avrebbe contribuito al benessere della collettività.

La visione di Smith era rivoluzionaria per il suo tempo per aver spostato l'attenzione dall'acquisizione e dallo scambio di beni fisici alla natura umana, alle motivazioni e alle scelte che stanno dietro le transazioni economiche. Con l'avanzare del tempo, il XX secolo divenne testimone di grandi evoluzioni nel pensiero economico anche a partire dalla crisi della Grande Depressione. I modelli precedenti, basati sull'autoregolazione dei mercati e sulla minima interferenza governativa, si dimostrarono inadeguati. La teoria di John Maynard Keynes emerse in questo contesto. Questa poneva al centro l'idea che, in tempi di recessione quando le persone tendono a trattenere il denaro anziché investirlo, fosse fondamentale il ruolo attivo dello Stato per stimolare la domanda aggregata e, di conseguenza, l'occupazione.

La proposta di Keynes si concentrava sull'incremento della spesa pubblica, anche attraverso il debito, come mezzo per compensare la riduzione della spesa privata durante i periodi di crisi. Questa iniezione di capitali avrebbe dovuto rianimare la domanda di beni e servizi, dando impulso all'occupazione e alla produzione, e innescando così un ciclo virtuoso di ripresa economica. Nonostante le varie critiche e le successive evoluzioni teoriche, i principi fondamentali della teoria keynesiana rimangono parte della discussione anche nei contesti di incertezza e difficoltà economiche contemporanee.

Alla fine del XX secolo nasce il termine globalizzazione. Questo modello ha riconfigurato l'economia mondiale in modi radicali e spesso contrastanti. Definita come l'intensificazione degli scambi economici, culturali, e politici a livello globale, la globalizzazione ha le sue radici nella rivoluzione dei trasporti e delle comunicazioni, che ha drasticamente ridotto le distanze tra le nazioni. All'interno di questo villaggio globale, le aziende non conoscono confini. Le multinazionali, soprattutto, hanno assunto un ruolo di preminenza, divenendo attori chiave che influenzano politiche e economie ben oltre i confini nazionali. La loro capacità di spostare la produzione da un paese all'altro in cerca di condizioni più vantaggiose ha creato un sistema in cui la concorrenza non si svolge solo tra aziende, ma anche tra stati, disposti a concedere agevolazioni pur di attrarre investimenti. All'interno di questo villaggio globale, le aziende non conoscono confini.

Le multinazionali, soprattutto, hanno assunto un ruolo di preminenza, divenendo attori chiave che influenzano politiche e economie ben oltre i confini nazionali. La loro capacità di spostare la produzione da un paese all'altro in cerca di condizioni più vantaggiose ha creato un sistema in cui la concorrenza non si svolge solo tra aziende, ma anche tra stati, disposti a concedere agevolazioni pur di attrarre investimenti. All'interno di questo villaggio globale, le aziende non conoscono confini. Le multinazionali, soprattutto, hanno assunto un ruolo di preminenza, divenendo attori chiave che influenzano politiche e economie ben oltre i confini nazionali. La loro capacità di spostare la produzione da un paese all'altro in cerca di condizioni più vantaggiose ha creato un sistema in cui la concorrenza non si svolge solo tra aziende, ma anche tra stati, disposti a concedere agevolazioni pur di attrarre investimenti.

Questa nuova realtà ha cambiato il potere dei singoli stati di imporre regole e protezioni, generando una gara al ribasso in termini di diritti lavorativi e salvaguardia ambientale. Se da un lato ha creato immense opportunità, dall'altro ha anche marginalizzato intere comunità che non sono riuscite a tenere il passo con le nuove dinamiche economiche creando una disuguaglianza senza precedenti. Il concetto stesso di disuguaglianza economica si riferisce alla distribuzione disomogenea di risorse e opportunità tra individui all'interno di una società. È una piaga originata dalle dinamiche di accumulazione di ricchezza e potere, spesso legate a politiche e sistemi che perpetuano uno status quo favorevole per pochi e inaccessibile per molti. Nel biennio 2020-2021, secondo il report Oxfam Italia 2023, l'1% più ricco della popolazione globale ha beneficiato di quasi 2/3 dell'incremento della ricchezza netta totale. Questo significa che il 90% della popolazione mondiale, composto da 7 miliardi di persone, ha visto solo una frazione di questo incremento. Se scendiamo da globale a locale in Italia *"le quote di ricchezza nazionale netta detenute dal 10% più ricco dei nostri connazionali e dalla metà più povera della popolazione italiana hanno mostrato un andamento divergente. La quota di ricchezza detenuta dal top-10% è cresciuta di 3,8 punti percentuali nel periodo 2000-2021, mentre la quota della metà degli italiani ha mostrato un trend decrescente, riducendosi complessivamente negli ultimi 22 anni di 4,1 punti percentuali* "(report Oxfam Italia, "La disuguaglianza non conosce crisi" gennaio 2023. pg.15). Questi non sono solamente fatti o tendenze, ma racconti intrecciati di un mondo in bilico tra potenziale e permacrisi. Stiglitz, economista statunitense vincitore del Premio Nobel per l'economia nel 2001, nel suo libro *"The Price of Inequality"* (2012), definisce la disuguaglianza un fallimento morale e sistemico, che impedisce il fluire della mobilità sociale e mina la stessa tessitura del nostro contratto sociale.

È un fenomeno che non si manifesta solo in cifre e grafici, ma nelle vite delle persone, nelle città abbandonate e nelle scuole neglette. Una società con crescenti disuguaglianze economiche è anche una società in cui il tessuto sociale si disintegra determinando un abbassamento della qualità della vita e dell'equità all'interno della comunità. La disuguaglianza non è solo il risultato di ciò che viene prodotto, ma anche di ciò che viene valorizzato. Se si considera il valore solo in termini di profitto economico, senza tenere conto del valore sociale, si finisce per creare un sistema che premia l'accumulo di ricchezza a scapito del benessere collettivo. Questa è una delle radici della disuguaglianza: un sistema che confonde il prezzo con il valore, che non riconosce il contributo dei suoi cittadini al di là della loro capacità di generare profitto. Il prezzo è ciò che paghiamo per un bene o un servizio. È una cifra, spesso determinata dalla legge della domanda e dell'offerta. Il valore, invece, è un concetto molto più complesso, intrecciato con la qualità, la rarità, l'utilità e persino con l'estetica.

L'economia moderna, nella sua incessante ricerca del profitto, ha spesso trascurato la creazione di vero valore, confondendola con la mera generazione di ricchezza. Un prodotto potrebbe avere un prezzo alto, ma ciò non significa necessariamente che abbia un alto valore. Allo stesso modo, servizi essenziali - come l'istruzione e la sanità - che potrebbero avere un costo ridotto o essere forniti gratuitamente, possono avere un valore immenso per la società. L'istruzione, per esempio, quando fornita gratuitamente o a costi minimi, può sembrare priva di "prezzo" o di "costo", ma il suo valore trascende cifre monetarie. Una popolazione istruita è più informata, critica, produttiva e, in generale, contribuisce a una società più coesa e progressista. Similmente, la sanità accessibile e di qualità eleva il benessere complessivo di una nazione, garantendo una popolazione sana e riducendo i costi a lungo termine legati a malattie e afflizioni. Perché, si potrebbe chiedere, questa distinzione è così cruciale? Perché confondere il valore con il prezzo è come confondere l'amore con la possessività. Il primo arricchisce, il secondo svuota. Il modello neoliberale che caratterizza la nostra economia emerge come uno dei più influenti e, allo stesso tempo, dei più contestati degli ultimi decenni. Nato nel periodo tra le due guerre mondiali, ma diventato predominante dagli anni '80 in poi, il neoliberalismo rappresenta una filosofia economica che enfatizza la libertà del mercato, la competizione e l'individualismo.

Al centro del pensiero neoliberale c'è la fiducia nella forza del mercato libero. I sostenitori di questa corrente sostengono che, quando gli individui agiscono liberamente nel loro interesse personale, senza un'intensa regolamentazione statale, la società nel suo complesso beneficia. Questo perché il mercato è il mezzo più efficiente per allocare risorse, innovare e produrre ricchezza. Tuttavia questo modello presenta sfide e critiche. Facciamo un esempio. La crescita economica, a lungo vista come il totem del progresso, ha spesso avuto un risvolto oscuro: l'erosione del nostro ambiente naturale.

Il progresso, nell'accezione tradizionale, non ha sempre considerato i costi ambientali. E, in questo gioco pericoloso, il nostro pianeta ha troppo spesso pagato il prezzo più alto. Il caso dell'Amazzonia ne è un esempio lampante. Una foresta lussureggiante, che rappresenta il polmone verde della Terra, viene sgretolata a favore dell'agricoltura e dell'allevamento intensivo, alla ricerca di guadagni economici a breve termine. Ma l'Amazzonia non è solo un insieme di alberi. È un'entità vivente, un sistema complesso che regola il clima e offre rifugio a innumerevoli specie. La sua distruzione ha un costo che non può essere quantificato in termini monetari. In un altro angolo del mondo, i coralli della Grande Barriera Corallina, opere d'arte naturali plasmate nel corso di millenni, sono minacciati dall'innalzamento delle temperature marine e dalle acque acide, un riflesso diretto delle emissioni industriali e dell'uso sfrenato di combustibili fossili. Questi non sono eventi isolati. Dalla deforestazione in Indonesia alle discariche di rifiuti plastici che invadono gli oceani, la natura porta le cicatrici di un modello economico basato sul consumismo e sulla crescita senza freni.

La sfida è immensa: come bilanciare la crescita con la sostenibilità? Come garantire prosperità senza sacrificare il nostro patrimonio naturale? Forse, come sottolinea lo scrittore Harari, il nostro errore più grande è stato quello di dimenticare che siamo parte della natura, non suoi dominatori. La lezione è chiara: non possiamo più permetterci di ignorare il legame indissolubile tra l'economia e l'ambiente.

Parallelamente alla crisi ambientale un altro fattore risulta importante per descrivere lo scenario economico: il ruolo del debito. Nei primi tempi della civiltà, il debito era inteso in termini molto diversi da quelli monetari o materiali a cui siamo abituati oggi. Molte società antiche operavano su sistemi di credito basati sulla fiducia e sulle relazioni interpersonali. Ad esempio, se un contadino prendeva in prestito dei semi da un vicino, sarebbe stato in debito con quel vicino, non tanto in termini di valore materiale dei semi, ma in termini di favore o di obbligo sociale. Questi debiti spesso non venivano ripagati con beni materiali, ma piuttosto con servizi o altri favori. Il concetto di debito era spesso legato a idee di onore, responsabilità e legami comunitari. In molte culture, era anche intrecciato con principi religiosi e spirituali. Ad esempio, nei testi vedici dell'India antica, il debito veniva visto come un dovere religioso che legava le persone gli uni agli altri e ai loro dèi. Con l'espansione degli imperi e l'ascesa del commercio a lunga distanza, la necessità di un sistema più standardizzato di credito e debito divenne evidente.

Le monete, ad esempio, emersero come una soluzione a questa necessità, permettendo transazioni più ampie e complesse tra sconosciuti. Con l'avvento del capitalismo e l'emergere delle banche come istituzioni dominanti, il debito cominciò a prendere una forma più riconoscibile, simile a quella che vediamo oggi. Ma con questo cambiamento venne anche un nuovo potere: il potere di controllare e manipolare il debito. E con il controllo e il potere si crea anche disuguaglianza. Il debito può anche diventare un'arma. Una nazione sommersa dal debito può trovarsi ad adottare politiche di austerità che penalizzano i più vulnerabili, perpetuando un circolo vizioso di povertà e disuguaglianza. Immergendosi nelle cronache recenti, emerge un caso che ha catturato l'attenzione dell'opinione pubblica mondiale: la Grecia.

All'apice della crisi del debito europeo, la nazione ellenica si è ritrovata al centro di un vortice finanziario, sospesa tra le richieste dei creditori internazionali e le necessità di un popolo in sofferenza. Uno scenario che ha innescato interrogativi esistenziali non solo sulla sostenibilità del sistema economico, ma anche sulle promesse irrealizzate dell'unità europea. Negli anni successivi al 2008, la Grecia ha vissuto una recessione profonda, con un calo del PIL, un aumento esponenziale della disoccupazione e una situazione fiscale disastrosa. Per darvi un quadro più chiaro, il PIL greco è diminuito del 25% tra il 2008 e il 2013, un calo paragonabile solo a quello subito dagli Stati Uniti durante la Grande Depressione. In risposta, l'Unione Europea, la Banca Centrale Europea e il Fondo Monetario Internazionale – spesso definiti come la "Troika" – hanno offerto pacchetti di salvataggio finanziario. In cambio del sostegno finanziario, la Troika ha richiesto alla Grecia di implementare una serie di riforme e misure di austerità: tagli alle pensioni, riduzioni dei salari nel settore pubblico, aumento delle tasse, e privatizzazioni.

La stretta veniva impostata con l'ardore quasi dogmatico di un catechismo economico. Queste misure, pur essendo formulate con l'obiettivo di stabilizzare l'economia greca e ridurre il debito, hanno avuto un impatto sociale profondo, quasi come se le statistiche avessero un peso e un odore, pervadendo le strade e le case. Il tessuto sociale greco ha subito le lacerazioni dell'austerità. Le proteste sono diventate una scena comune ad Atene, con la popolazione che vedeva queste misure come ingiuste. Ma, in ogni scenario complesso, esistono sfaccettature. Alcuni sostenitori delle politiche di austerità, tra cui eminenti economisti e politici, argomentano che se attuate correttamente possono portare a riforme strutturali necessarie, eliminando inefficienze e ponendo le basi per una crescita sostenibile nel lungo termine. In effetti, non tutte le politiche di austerità sono intrinsecamente "cattive". Quando ben calibrate e implementate con oculatezza, possono servire a ristrutturare un'economia, ridurre gli sprechi e promuovere l'efficienza.

Tuttavia, il problema spesso risiede nella dose e nel timing. Se troppo severe o introdotte in un momento di recessione, queste misure possono soffocare la crescita e aggravare la sofferenza della popolazione. Pensiamo al "Whatever it takes". La frase è stata pronunciata da Mario Draghi, all'epoca Presidente della Banca Centrale Europea (BCE), nel 2012 ed è diventata emblematica come risposta dell'Europa alla crisi del debito sovrano.

Le parole esatte di Draghi furono: "Within our mandate, the ECB is ready to do whatever it takes to preserve the euro. And believe me, it will be enough." (Dentro i nostri mandati, la BCE è pronta a fare tutto il necessario per preservare l'euro. E credetemi, sarà sufficiente). L'annuncio di Draghi ha rafforzato la fiducia degli investitori nella capacità dell'Europa di affrontare la crisi del debito. Questo ha permesso all'eurozona di recuperare da un periodo di instabilità e ha dimostrato la determinazione dell'UE e della BCE a sostenere l'euro e l'intera economia europea, indipendentemente dalle sfide. La promessa di Draghi non riguardava solo i paesi più grandi o più influenti dell'eurozona, ma l'intera unione monetaria. L'approccio della BCE ha cercato di garantire che ogni paese, indipendentemente dalla sua dimensione o dalla gravità della sua crisi economica, avesse le risorse e il sostegno necessari per recuperare.

Il concetto di resilienza viene utilizzato per descrivere la capacità di un individuo o di un materiale di recuperare la propria forma originale dopo essere stato sottoposto a stress o pressione. Quando applicato all'economia, il concetto di resilienza assume una sfumatura leggermente diversa, ma altrettanto cruciale. In questo contesto, rappresenta la capacità di un sistema economico di affrontare, adattarsi e riprendersi da shock e traumi, come crisi finanziarie, disastri naturali o, come abbiamo recentemente sperimentato, pandemie globali. La resilienza economica non riguarda solo la rapidità con cui un'economia può "rimbalzare"; piuttosto, coinvolge la profondità della comprensione delle strutture economiche, delle politiche governative e della solidarietà sociale che possono essere messe in atto per prevenire, attenuare e infine superare gli effetti di tali crisi. Una società economicamente resiliente ha la capacità di affrontare gli shock economici mantenendo funzioni critiche e riorganizzando rapidamente risorse e capacità.

Nelle società, specialmente quelle colpite da eventi avversi, la resilienza è evidente quando le comunità mostrano una capacità straordinaria di reagire efficacemente alle crisi. Contrariamente alla rappresentazione dei media di comunità come vulnerabili o dipendenti da aiuti esterni, queste società dimostrano spesso una notevole competenza nel mobilitare le risorse necessarie per affrontare le sfide. Questa connessione tra resilienza sociale ed economica suggerisce che le crisi non sono puramente economiche, ma interagiscono profondamente con la dimensione sociale, alimentandosi a vicenda.

Un'economia inclusiva è quella che, pur essendo resiliente, va oltre: mira a garantire che tutti abbiano pari opportunità di accesso e partecipazione al mercato, indipendentemente dallo status sociale, etnico o geografico. In tempi di crisi, un approccio inclusivo all'economia significa non solo rimanere a galla, ma garantire che le soluzioni siano equamente distribuite, riducendo le disparità. Questa prospettiva riconosce che l'isolazionismo e il protezionismo non sono la risposta; piuttosto, una reale integrazione e collaborazione, unita alla comprensione e all'adattamento, sono essenziali per affrontare le sfide globali.

L'espansionismo, con la sua promessa di crescita illimitata e progresso, ha guidato per decenni l'agenda delle nazioni e delle aziende. Ernst Friedrich Schumacher, nel suo libro "Small is Beautiful" (1973), ha sottolineato l'importanza di riconsiderare la dimensione e la scala dell'economia. Secondo Schumacher, l'infatuazione per la grandezza ha oscurato la vera natura dell'economia umana, trasformandola in una macchina senza cuore né anima, spinta solamente da numeri e profitti. Nel cuore dell'argomentazione di Schumacher c'è l'elogio delle economie locali. Questi microcosmi economici, radicati nel territorio e intrisi delle sue tradizioni e valori, rappresentano un contrasto netto con l'omogeneizzazione dei mercati globali. Le economie locali promuovono la diversità, la sostenibilità e un senso di appartenenza. Esse permettono ai cittadini di essere non solo consumatori passivi, ma produttori attivi, partecipando direttamente alla creazione di beni e servizi e alla definizione delle priorità comunitarie.

Questo non significa negare i vantaggi della globalizzazione o rifiutare il progresso tecnologico. Piuttosto, suggerisce una nuova interpretazione del progresso, dove la qualità ha la precedenza sulla quantità e la sostenibilità sull'espansione a oltranza. Il concetto di decentralizzazione emerge come elemento chiave in questa riflessione. Distribuire il potere, sia in termini di risorse che di decisioni, può creare sistemi più robusti e adattabili. I sistemi centralizzati, con le loro strutture rigide, possono facilmente diventare fragili di fronte a shock esterni. D'altro canto, una rete di piccole unità interconnesse può meglio assorbire gli impatti e adattarsi ai cambiamenti.

Inoltre, la decentralizzazione può portare a una maggiore partecipazione dei cittadini e a una democratizzazione reale dell'economia. Le persone, quando investite di potere e responsabilità, tendono a prendersi cura delle loro comunità e delle loro risorse con maggiore attenzione.

L'Emilia-Romagna, per esempio, è famosa per il suo modello economico particolare, che ha le sue radici nelle piccole e medie imprese (PMI) e nei distretti industriali. Questi distretti sono aggregati di aziende, spesso familiari, specializzate in specifici settori produttivi. Queste imprese lavorano in sinergia, spesso cooperando piuttosto che competendo, e condividendo risorse e cono-

scenze. La vicinanza geografica facilita la collaborazione, l'innovazione e la flessibilità, permettendo alle imprese di adattarsi rapidamente ai cambiamenti del mercato. Un altro aspetto è il sistema cooperativo. La regione vanta una delle più alte concentrazioni di cooperative in Europa, che operano in vari settori, dall'agricoltura alla produzione, dai servizi alla vendita al dettaglio. Queste cooperative, guidate dai valori di mutualità e solidarietà, reinvestono i profitti nel territorio e nelle persone, sostenendo l'occupazione e lo sviluppo locale.

La combinazione di PMI, distretti industriali e cooperative ha permesso all'Emilia-Romagna di raggiungere livelli notevoli di prosperità e benessere, pur mantenendo una forte identità locale.

Sfogliando le pagine dei trattati economici e le relazioni finanziarie, è facile perdere di vista la potenza delle comunità più piccole, delle economie regionali, dei nuclei industriali che non compaiono sulle prime pagine dei giornali. Uno dei casi più significativi in questo senso è quello delle Mittelstand tedesche, le piccole e medie imprese familiari che costituiscono la spina dorsale dell'economia della Germania.

Il segreto della loro forza risiede in una filosofia di affari che trascende la mera logica del profitto a breve termine. Le Mittelstand sono guidate da un'etica di impegno a lungo termine, non solo verso gli azionisti, ma verso i dipendenti, i fornitori, i clienti e le comunità in cui operano. È una lezione di umiltà per gli osservatori esterni, una dimostrazione che in economia come in ogni altra forma di interazione umana, le relazioni solide e durature si costruiscono attraverso il rispetto reciproco, l'integrità e una visione a lungo raggio.

Queste imprese incarnano l'ideale della formazione continua e dell'apprendimento pratico. In Germania, il sistema di formazione duale ha reso possibile un continuum tra istruzione formale e lavoro qualificato, creando un ambiente in cui l'apprendimento è parte integrante del percorso professionale di ogni individuo. Così, le Mittelstand diventano università in miniatura, luoghi in cui le nuove generazioni sono educate e formate, non solo nelle competenze tecniche, ma nei valori e nelle norme che costituiscono il vero tessuto di una comunità.

Specializzate spesso in nicchie industriali specifiche, queste imprese diventano "campioni nascosti", leader mondiali in settori così ristretti che sfuggono all'attenzione dei media, ma che sono fondamentali nell'ingranaggio della moderna economia globale. La loro capacità di concentrarsi su particolari segmenti di mercato e di diventare insostituibili è una lezione di maestria e di focalizzazione. Esse rappresentano così un modello, una sorta di manuale pratico per chi aspira a riconsiderare le dimensioni dell'economia in termini più umani, più ragionevoli. È un'eco, seppur inascoltata da molti, della critica all'espansionismo e dell'elogio delle economie locali, portata avanti da pensatori come E.F. Schumacher, che ci rimanda al fatto che "piccolo è bello", che la scala umana e la comunità contano, e che l'edificio più solido è quello che ha fondamenta profonde nel terreno su cui sorge. Ma qual è la via da seguire per garantire una crescita più sostenibile e giusta?

Qui, si schiude un nuovo orizzonte di possibilità, uno spazio in cui la sostenibilità emerge come protagonista di una nuova ideologia. Non si tratta di un'utopia, né di una profezia: è una prospettiva realistica e concreta, sostenuta da dati, analisi e visioni emergenti dal pensiero contemporaneo, come quella delineata da Jeremy Rifkin, economista americano, nel suo concetto di "Terza Rivoluzione Industriale". Immaginate una rete energetica distribuita, in cui ogni casa, ogni edificio, diventa una mini-centrale energetica capace di produrre, immagazzinare e condividere energia pulita. Le tecnologie per farlo esistono già: pannelli solari, turbine eoliche, batterie di accumulo. Ma ciò che rende questa visione radicalmente diversa dall'attuale paradigma energetico non è solo la tecnologia, ma il modello organizzativo. In questa nuova rete, l'energia non è più un bene da acquistare da un monolite centrale, ma un flusso da condividere in una rete interconnessa di produttori e consumatori. Ogni unità della rete ha un valore, una voce, e la capacità di contribuire al benessere generale. È un modello che ribalta il concetto di potere, trasformandolo da un meccanismo di controllo centralizzato a un flusso distribuito e partecipativo. E quale miglior fondamento per una crescita economica giusta e resiliente potrebbe esserci, se non un sistema che permette alle persone di diventare protagonisti attivi della propria vita economica? In questo modello, la creazione di valore non è più solo l'apanage di grandi corporazioni e stati-nazione, ma diventa un processo diffuso che impegna comunità, piccoli imprenditori e cittadini ordinari. Oltre a queste implicazioni democratiche, la transizione verso le energie rinnovabili e la decentralizzazione apre la porta a un modello economico più stabile. Se i combustibili fossili sono sempre più cari e fonte di instabilità geopolitica, un'economia alimentata da fonti rinnovabili è intrinsecamente più resiliente. Essa riduce la dipendenza da risorse esterne e vulnerabili, disperde i rischi e crea un tessuto economico più robusto e adattabile.

Proprio come la rivoluzione industriale del diciannovesimo secolo ha plasmato il mondo in modi allora inimmaginabili, anche questa nuova ondata di cambiamenti ha il potenziale di riscrivere le regole del gioco.
Negli anni '70, la Danimarca era pesantemente dipendente dai combustibili fossili. La crisi petrolifera del 1973, tuttavia, ha sconvolto l'economia danese e ha spinto il paese a cercare alternative. Ne è risultata una

strategia nazionale mirata a ridurre la dipendenza dal petrolio attraverso l'efficienza energetica e lo sviluppo delle energie rinnovabili. A partire dagli anni '80, la Danimarca ha investito massicciamente nelle energie rinnovabili, in particolare nell'energia eolica. Questo ha portato alla nascita di un settore industriale fiorente, con aziende danesi come Vestas e Ørsted che sono diventate leader globali nel campo dell'energia eolica. Un elemento chiave del successo danese è stato l'integrazione delle politiche energetiche con politiche più ampie di sviluppo economico e sociale. Ad esempio, la promozione delle energie rinnovabili ha creato nuovi posti di lavoro, contribuendo a mitigare gli impatti economici della transizione energetica. Inoltre, la Danimarca ha adottato una serie di misure per incentivare l'efficienza energetica, come ad esempio normative più severe sugli standard di efficienza per gli edifici e sussidi per le ristrutturazioni energetiche. Oggi, la Danimarca è uno dei paesi con la più alta quota di energia rinnovabile nel mix energetico e ha l'obiettivo di diventare carbonio neutro entro il 2050.

La comunità di Feldheim, un piccolo villaggio in Germania di 150 abitanti, è un altro esempio. Lontano dai centri del potere, questa comunità ha fatto una scelta rivoluzionaria: diventare completamente autosufficiente dal punto di vista energetico. Turbine eoliche e pannelli solari sono la spina dorsale di un'infrastruttura energetica completamente locale e partecipata. Feldheim non dipende da fornitori esterni di energia o da combustibili fossili importati. Tutta l'energia è prodotta localmente e, in termini di riscaldamento, il calore proviene da un impianto di biogas. Ogni famiglia è parte integrante di questa rete distribuita e ha la possibilità di contribuire all'equilibrio energetico della comunità. L'economia locale ha beneficiato enormemente da questa iniziativa. Una domanda sorge spontanea. Il progetto di Feldheim può essere replicabile in una realtà a larga scala? Quali sono i modelli economici che possono prendere il suo posto senza scadere nel puro idealismo utopico?

L'idea di "utopie reali", tratta dal lavoro di Erik Olin Wright, sociologo americano, suggerisce proprio questo: modelli di organizzazione sociale ed economica che sono sia desiderabili che raggiungibili. Si tratta di visioni non solo da sognare, ma da costruire, da implementare. Al centro di queste utopie reali sta la nozione di democrazia economica, un sistema in cui il potere economico è distribuito in modo più equo tra i membri della società.

Ma come potrebbe apparire una tale utopia? Il sistema alimentare mondiale, come è strutturato oggi, è un gigante instabile, dominato da poche mega-corporazioni che controllano la produzione, la distribuzione e persino la narrativa su ciò che mangiamo. Il risultato è un panorama di iniquità, con milioni di persone che soffrono di fame, mentre enormi quantità di cibo vengono sprecate o usate in modi inefficaci.

Tuttavia, alternative emergono, incanalate da movimenti come l'agricoltura sostenibile, le cooperative agricole e le iniziative di cibo locale. Questi modelli non solo decentralizzano la produzione alimentare, ma la rendono anche più sostenibile e resiliente. Immaginate comunità che coltivano i propri alimenti, utilizzando tecniche che arricchiscono il suolo invece di impoverirlo, che distribuiscono il cibo attraverso reti locali, riducendo il bisogno di trasporto su lunghe distanze e le emissioni di carbonio associate. Dalle cooperative agricole in India alle aziende agricole comunitarie negli Stati Uniti, queste "utopie reali" stanno già trasformando il paesaggio economico e dimostrando che un altro mondo è possibile. Quindi, se il villaggio di Feldheim in Germania può essere un esempio di autonomia energetica e democrazia economica, questi modelli alternativi nel sistema alimentare possono essere i semi da cui cresce una nuova visione del capitalismo. Una visione che non è più un monolite, ma un mosaico; non un'entità che aspira a divorare tutto, ma un ecosistema che nutre e sostiene.

Nonostante ci siano esempi luminosi di resilienza e inclusività, la realtà contemporanea riflette un'economia globale spesso guidata dalla ricerca del profitto immediato, a scapito della sostenibilità e dell'equità. La recente crisi ha messo in evidenza come, nonostante i passi avanti, i divari tra ricchi e poveri si siano ulteriormente acuiti, mostrando un sistema economico che, in molti casi, valorizza l'accumulo piuttosto che la condivisione. Tuttavia, la lotta per un'economia basata su principi diversi, più giusti e sostenibili, è una responsabilità collettiva e individuale. Ogni singolo individuo ha un ruolo da giocare: informarsi, educarsi, partecipare attivamente alle decisioni della comunità e manifestare per le proprie convinzioni sono modi concreti attraverso i quali è possibile influenzare e modellare una nuova visione economica. È un impegno che richiede costanza, consapevolezza e, soprattutto, la convinzione che un futuro diverso, sebbene difficile da realizzare, sia non solo possibile, ma essenziale.

Ma al centro di tutto questo, ci sono le persone. Siamo noi, come individui e come società, che possiamo fare la differenza. Ogni decisione di consumo, ogni voto, ogni dialogo e ogni iniziativa comunitaria sono passi verso la creazione di un'economia che non solo prospera, ma che lo fa nel rispetto del pianeta e del benessere di tutti. Mentre guardiamo al futuro, è imperativo che riconosciamo l'importanza e l'urgenza di muoverci verso un'economia resiliente e sostenibile. Non è solo una questione di sopravvivenza, ma di prosperità, giustizia e di un futuro luminoso per le generazioni a venire.

CAPITOLO 4

POLITICA ALLA PROVA

Francis Fukuyama, politologo statunitense, negli anni'90 proclamò la fine della storia.

Secondo la sua tesi il processo di evoluzione sociale, economico e politico dell'umanità avrebbe raggiunto il suo apice alla fine del XX secolo, suggerendo che la democrazia liberale avesse trionfato come ultima forma di governo. Eppure, non è bastato molto tempo per osservare che la storia ha un modo imprevedibile di riscrivere sé stessa. La presunzione dell'intoccabilità della democrazia liberale è stata messa a dura prova. Oggi, la società sembra divisa tra chi si sente radicato, attaccato a un '*luogo*' - fisico o ideologico - e chi è sempre in movimento, adattandosi al nuovo. In questo dualismo vediamo sempre più storie di erosioni delle democrazie, non per forza con colpi di stato, ma tramite attori politici interni che hanno utilizzato le stesse istituzioni democratiche per indebolire il sistema. Il populismo ha creato un solco profondo. Facciamo un esempio.

Quando il presidente Hugo Chávez fu eletto nel 1998, il Venezuela era una democrazia consolidata. Tuttavia, una volta in carica, Chávez ha iniziato a sottolineare la sua visione populista del paese e a sfidare i controlli e gli equilibri democratici. Come? Controllando il sistema giudiziario, proponendo una nuova Costituzione in cui ha esteso il mandato presidenziale e permesso la rielezione indefinita, marginalizzando il ruolo delle opposizioni e facendo pressione sui media. A questo si aggiunge che la realtà iper-connessa in cui viviamo può diventare un terreno fertile per le manipolazioni. Un tweet, un video, un soundbite: tutto può essere usato per polarizzare, manipolare e, in ultima analisi, erodere la fiducia nel sistema. E con la polarizzazione, viene la fragilità. Se le persone vivono in costante paura del domani, se le risorse diventano sempre più scarse e se il cambiamento climatico altera la nostra percezione della sicurezza, allora come può esistere un vero dialogo democratico? Ci sono, poi, amministrazioni che, nel loro intento di dare priorità alle questioni più urgenti, tralasciano o minimizzano rischi a lungo termine. Questa negligenza può derivare da una mancanza di informazione, da una sottovalutazione delle conseguenze, o, in alcuni casi, da una deliberata indifferenza. Pensiamo, ad esempio, alla mancanza di investimenti in infrastrutture critiche. Un ponte che crolla, una diga che cede, una rete elettrica che va in tilt. Sono disastri che possono causare perdite di vite umane e danni economici. Eppure, spesso, queste infrastrutture sono trascurate fino a quando non si verifica un incidente. O consideriamo la mancanza di preparazione di fronte a minacce biologiche o ambientali. Una pandemia improvvisa, un disastro naturale, un cambiamento climatico accelerato. Eventi che, anche se prevedibili, sono spesso messi in secondo piano nelle agende politiche.

La parola *politica* deriva dal greco antico "*polis*", che significa città o comunità. Nel suo nucleo essenziale, la politica riguarda la comunità e il suo benessere, le decisioni che influenzano l'intero collettivo. Si tratta di come distribuiamo le risorse, come affrontiamo le sfide e come costruiamo un futuro condiviso. La politica non è solo una questione di potere, ma anche di responsabilità.

Il contesto descritto finora mette in luce la complessità e l'urgenza delle sfide che la politica moderna si trova ad affrontare. Anche in mezzo alle tempeste della permacrisi, quest'ultima rimane l'ancora che può guidare una società verso acque più calme. E nonostante le sfide che la democrazia sta affrontando, il potere decisionale ha la capacità di influenzare positivamente l'andamento delle nazioni. In un mondo in rapido cambiamento, la capacità della politica di adattarsi, di imparare e di crescere è essenziale. In un'era iper-connessa, la politica ha il potere non solo di reagire, ma anche di plasmare la direzione del discorso pubblico, proteggendo la società dalla disinformazione e dalla polarizzazione. E, come suggerito da Naomi Klein, le decisioni politiche possono, e devono, affrontare questioni esistenziali come il cambiamento climatico, senza perdere di vista le necessità immediate dei cittadini. In definitiva, la politica, nel suo significato più profondo, rappresenta la volontà e l'aspirazione di un popolo. È il mezzo attraverso il quale la società esprime le sue ambizioni, affronta le sue paure e costruisce il suo futuro.

La crisi, come un ferro rovente, può plasmare la società, e le mani che la impugnano determinano la forma che ne deriverà. L' Argentina all'inizio del XXI secolo è un esempio di come le decisioni politiche e istituzionali possono intersecarsi con le dinamiche globali, influenzando profondamente la vita delle persone. Di fronte alla crisi economica, mentre la popolazione era in strada a battere pentole e padelle in segno di protesta, l'approccio prescelto dal paese fu l'austerità, una strategia sostenuta dal Fondo Monetario Internazionale (FMI). Più che offrire sollievo, questa scelta fece peggiorare la qualità della vita per la stragrande maggioranza degli argentini. Ma c'è di più: questa decisione rifletteva e consolidava un paradigma neoliberista che, anziché favorire l'intero tessuto sociale, sembrava avvantaggiare un ristretto numero di benestanti e grandi multinazionali. Naomi Klein, giornalista, scrittrice e attivista canadese, nel suo libro *"The Shock Doctrine"* (2007), mette in luce come in situazioni simili, le cosiddette "soluzioni" spesso non mirino tanto al bene comune quanto piuttosto a rafforzare interessi particolari.

La riflessione sull'Argentina e l'intervento del FMI ci porta inevitabilmente a un tema più ampio e intricato: la globalizzazione. Mentre l'austerità argentina è un esempio di come le politiche economiche possano essere plasmate da ideologie come il neoliberismo, la globalizzazione rappresenta il contesto più ampio in cui tali ideologie prendono forma e guadagnano terreno. Ma contrariamente alla percezione comune che la vede come una forza indomabile, guidata unicamente dalle leggi di mercato, la globalizzazione è strettamente connessa alle decisioni politiche e alle scelte istituzionali.

Questo significa proteggere i diritti dei lavoratori, garantire condizioni di lavoro eque, regolamentare il settore finanziario per evitare eccessi e crisi, e garantire che le ricchezze generate dalla crescita economica siano distribuite in modo più equo. La Russia, dopo la caduta dell'Unione Sovietica, ha intrapreso una rapida transizione verso un'economia di mercato, spesso indicata come "terapia d'urto". Stiglitz critica questa rapida liberalizzazione, sostenendo che ha portato a massicce disuguaglianze, all'emergere di oligarchi miliardari e a una decisa diminuzione del PIL e degli standard di vita per la popolazione comune. Eppure, la storia non è un monolite di desolazione. In Islanda, ad esempio, dopo il crollo bancario del 2008, anziché soccorrere le banche, lo stato scelse di puntare sulla responsabilizzazione e sulla democrazia diretta. Mentre altre nazioni optavano per salvataggi bancari che gravavano sulle spalle dei cittadini, l'Islanda perseguì un percorso diverso, facendo partecipare attivamente la popolazione alle decisioni post-crisi e perseguendo i colpevoli di malversazioni finanziarie. Ma non si tratta solo di manovre economiche. Se, da un lato, le forze neoliberiste possono sfruttare anche la crisi per ampliare le proprie tasche, dall'altro, emergano movimenti globali che, proprio a causa dell'instabilità del momento, si uniscono per richiedere soluzioni eque e sostenibili. Pensiamo alla Germania, per esempio, che con la sua "Energiewende", ovvero trasformazione del sistema energetico, non ha solamente spinto il paese verso un futuro meno dipendente dai combustibili fossili, ma ha anche dato potere alle comunità locali, coinvolgendo le persone nel processo di creazione di reti di energia rinnovabile. Questa non è una semplice politica energetica, ma una riformulazione di come un paese può immaginare il proprio futuro e dare potere alle proprie comunità. Mentre parliamo di riconoscimento e potere, lo sguardo si dirige verso il Canada, un paese che ha fatto passi, seppur esitanti, per riconoscere e sostenere i diritti dei popoli indigeni. In un mondo in cui le risorse sono continuamente saccheggiate, il Canada ha cercato di ascoltare le voci di coloro che hanno chiamato queste terre casa per millenni. Non è stato un percorso facile, ma è un percorso che suggerisce un futuro più giusto. E mentre la Nuova Zelanda guarda alle sue fattorie con un occhio rivolto verso il futuro, vedendo nell'agricoltura rigenerativa una chiave per un pianeta più sano, l'Olanda si pone come obiettivo di diventare nazione che funziona su principi circolare entro il 2050.

Mentre le sfide ecologiche e sociali dominano le prime pagine dei giornali e le agende politiche, una minaccia silenziosa si insinua nelle trame del nostro tessuto globale, spesso trascurata o sottovalutata: la sicurezza del nostro ecosistema digitale. La cybersicurezza, per molti, potrebbe sembrare un dominio esclusivo degli esperti IT. Tuttavia, è molto di più di un semplice aspetto tecnico; è una chiave interpretativa per comprendere le tensioni e le dinamiche socio-politiche contemporanee.

Potreste chiedervi, come fa la cybersicurezza a intrecciarsi con la sfera politica? Ogni aspetto della sicurezza digitale porta con sé implicazioni politiche e sociali profonde. In un'era in cui ogni elemento della nostra vita è interconnesso, ogni decisione tecnologica porta con sé conseguenze politiche. Le nostre infrastrutture digitali, infatti, sono ormai il sistema nervoso delle nostre città, controllando tutto, dai semafori ai sistemi di purificazione dell'acqua, dai trasporti pubblici ai servizi di pronto intervento.

Il 2017 ha rappresentato un campanello d'allarme. L'attacco WannaCry, epidemia di malware globale, non è stato un semplice virus, ma un'epidemia informatica che ha rivelato con chiarezza la portata e la gravità di una minaccia cibernetica. Ha paralizzato ospedali, aziende e infrastrutture in oltre 150 paesi, causando danni non solo nel mondo virtuale, ma provocando ripercussioni tangibili nella nostra realtà quotidiana. Nel 2015, un altro esempio è emerso dall'Ucraina, dove un blackout elettrico, frutto di un'aggressione cibernetica, ha illuminato le fragilità delle nostre società interconnesse.
Nel contesto di tali minacce, la regolamentazione e la progettazione della tecnologia devono essere centrate sulla sicurezza e sull'interesse collettivo. L'Alleanza Five Eyes, che nasce dall'unione di sistemi di intelligence per la condivisione di informazioni tra Stati Uniti, Regno Unito, Canada, Australia e Nuova Zelanda, È un esempio emblematico di come la cooperazione interna-

zionale possa essere la chiave per affrontare sfide globali nell'ambito della cybersicurezza. Questa alleanza sottolinea l'urgenza di un approccio collaborativo e visionario nella protezione del nostro universo digitale.

Nel contesto odierno, con un crescente spostamento verso la digitalizzazione in settori come la sanità, la finanza, l'energia e i trasporti, un attacco informatico può avere conseguenze potenzialmente catastrofiche, molto simili a quelle di un attacco fisico. E non si tratta solo di minacce esterne: la stessa struttura delle nostre democrazie può essere compromessa. La manipolazione delle elezioni attraverso la propaganda digitale, l'ingerenza straniera nelle campagne elettorali e la disinformazione sono tutte sfide che si manifestano nella sfera digitale, ma che hanno profonde ripercussioni nella realtà politica e sociale.

E qui entra in gioco il concetto di *"antifragilità"* di Nassim Nicholas Taleb, saggista, matematico e filosofo. Antifragile non significa semplicemente resistente o robusto; significa che qualcosa non solo resiste allo stress o agli shock, ma in realtà si rafforza e cresce a causa di essi. Taleb sostiene che molti sistemi naturali, compresi quelli umani, hanno questa qualità innata. Ma, allora, come possiamo applicare questo concetto alle nostre istituzioni e sistemi politici?

La fragilità delle nostre democrazie e delle infrastrutture digitali, come abbiamo visto, risiede nella loro vulnerabilità a shock esterni e interni. Tuttavia, se integrassimo l'idea di antifragilità nella progettazione e gestione delle istituzioni, potremmo non solo resistere a tali shock, ma utilizzarli come opportunità per rafforzare e rinnovare i sistemi.

Ad esempio, ogni tentativo di erosione democratica, ogni attacco cibernetico, ogni crisi, potrebbe essere visto non solo come una minaccia, ma come un'opportunità per riflettere, adattarsi e crescere. Se le istituzioni democratiche fossero progettate per essere antifragili, ogni sfida verrebbe utilizzata per rendere il sistema più forte, più resiliente e più adatto a servire la sua popolazione.

Tuttavia, raggiungere l'antifragilità richiede un certo tipo di mentalità a livello istituzionale. Significa riconoscere l'importanza della diversità e della ridondanza, valorizzare l'innovazione e la sperimentazione e accettare che l'errore e la fallibilità siano componenti intrinseche del progresso.

In conclusione, mentre la storia continua a dimostrarci che niente è definitivo e che ogni sistema è suscettibile di essere eroso, il concetto di antifragilità di Taleb ci offre una lente attraverso la quale poter rivedere e riformulare le nostre istituzioni politiche. In un mondo in continuo cambiamento, la nostra migliore scommessa non è resistere al cambiamento, ma abbracciarlo, adattarci e, soprattutto, crescere grazie ad esso. La strada verso una democrazia veramente antifragile potrebbe essere lunga e tortuosa, ma è una strada che vale la pena percorrere per il bene delle future generazioni.

In un mondo in tumulto, dove le dinamiche della crisi e l'equilibrio sociale oscillano incessantemente tra speranza e disperazione, la politica e le istituzioni assumono un ruolo centrale. La capacità di una società di mantenere la propria stabilità e prosperare dipende in gran parte dalla forza e dalla reattività delle sue istituzioni politiche. Ma, come abbiamo visto nel capitolo precedente, le istituzioni, per quanto fondamentali, sono solo una parte dell'equazione. E qui entra in gioco un altro pilastro, spesso trascurato ma fondamentale, del tessuto sociale e politico: l'engagement civico.

Se la politica e le istituzioni sono il cuore pulsante della società, l'engagement civico ne è l'anima. È la voce collettiva dei cittadini, il loro desiderio di essere ascoltati, di avere un impatto e di plasmare il proprio futuro. Senza il coinvolgimento attivo dei cittadini, le istituzioni diventano torri d'avorio, distaccate dalla realtà e dal battito quotidiano della vita comunitaria.

Dopo aver esplorato l'importanza cruciale delle istituzioni nelle dinamiche di crisi e equilibrio sociale, è giunto il momento di immergersi nel mondo dell'engagement civico. Esploreremo le sue origini, la sua evoluzione e, soprattutto, la sua rilevanza in un'epoca in cui la fiducia nelle istituzioni è messa alla prova come mai prima d'ora. Da questa prospettiva, vedremo come il coinvolgimento civico, intrecciandosi con la politica e le istituzioni, crea un intreccio che può sia rinvigorire sia rompere la trama della nostra società.

Il coinvolgimento civico, come ogni fenomeno sociopolitico, si nutre delle proprie radici storiche, spesso affondando in culture e società antiche che per prime hanno intuito l'importanza del ruolo attivo dei cittadini nella vita pubblica. La sua essenza è quella di un cittadino partecipe, informato e responsabile, determinato a far sentire la propria voce e a influire sul corso degli eventi. Nella Grecia classica, il concetto di coinvolgimento civico era incarnato nella polis. La polis era il luogo in cui i cittadini liberi si riunivano per discutere, dibattere e prendere decisioni sul benessere collettivo. L'agorà, o piazza pubblica, era il fulcro di questa attività, dove la retorica e l'arte del discorso erano essenziali per influenzare l'opinione pubblica. Il coinvolgimento civico, quindi, era insito nella stessa definizione di cittadinanza. Nelle repubbliche rinascimentali italiane, la città-stato rappresentava un microcosmo di democrazia e la concorrenza tra queste entità, e la necessità di mobilitare risorse per la guerra e il commercio, richiedeva un alto livello di coinvolgimento civico. Facciamo l'esempio di Firenze. Sotto la guida della famiglia Medici, Firenze divenne un epicentro di arte, cultura e potere politico. Sebbene i Medici siano stati spesso criticati per il loro controllo quasi autocratico sulla città, Firenze mantenne una tradizione di consultazione civica attraverso vari consigli e assemblee. Il governo fiorentino era un labirinto di magistrature, consigli e gilde che richiedevano una continua negoziazione e coinvolgimento da parte dei cittadini, in particolare quelli delle classi mercantili e artigiane. Ma, se ci spostiamo verso l'epoca moderna, cosa intendiamo per "engagement civico"? Con la nascita dello stato-nazione e l'ampliamento del suffragio, la definizione di coinvolgimento civico ha subito una trasformazione. Robert D. Putnam, politologo statunitense, nel suo libro *"Bowling Alone: The Collapse and Revival of American Community"* (2000), sottolinea che, mentre la partecipazione diretta nelle decisioni politiche è diminuita nel tempo, altre forme di coinvolgimento, come l'associazionismo o l'attivismo, hanno preso il sopravvento. L'engagement civico, dunque, si manifesta non solo attraverso il voto ma anche attraverso la partecipazione a manifestazioni, volontariato e, in generale, rimanendo informati e critici nei confronti delle dinamiche politiche e sociali. Il filo conduttore, attraverso le ere, è sempre stato lo stesso: l'importanza della partecipazione attiva dei cittadini nella determinazione del proprio destino collettivo. E questa è una lezione che, nonostante le sfide del nostro tempo, non possiamo permetterci di dimenticare. In un'era di disinformazione, polarizzazione e crescente distacco dalle istituzioni, l'engagement civico rappresenta più che mai la chiave per preservare e rinvigorire la nostra democrazia. E come sottolineato da

Robert Alan Dahl in "*La democrazia e i suoi critici*"(1989), senza un cittadino attivo e responsabile, la democrazia diventa una mera parola senza sostanza.
Una volta, le leghe di bowling, le associazioni di quartiere e i club erano luoghi in cui le persone non solo trascorrevano il tempo libero, ma costruivano anche legami, scambiavano idee e influenzavano le decisioni locali. Erano epicentri di coinvolgimento civico, luoghi in cui il tessuto sociale veniva rinforzato attraverso il contatto diretto e la collaborazione. E ora? C'è un senso di lontananza, di isolamento. I tassi di partecipazione in molte attività comunitarie sono in calo. La gente sembra meno incline a partecipare attivamente nella vita civica come una volta. A livello mondiale la sfiducia nelle istituzioni, spesso alimentata da scandali, corruzione e inefficienza, ha eroso la fiducia del pubblico. La frammentazione sociale, dove i gruppi sempre più si chiudono in bolle di similitudine, ostacola il dialogo e la comprensione reciproca.

C'è ovviamente un Ma.
Se l'engagement tradizionale ha subito un calo, nuove forme stanno emergendo con vigore. L'era digitale ha democratizzato l'accesso all'informazione e alla comunicazione. Con un clic, chiunque può partecipare a un dibattito, lanciare una petizione, organizzare un'azione collettiva. Social media, blog, forum: sono diventati piazze virtuali in cui la voce dei cittadini risuona forte. Il movimento Black Lives Matter (BLM), per esempio,

ha avuto origine nel 2013 dopo l'assoluzione di George Zimmerman, guardia volontaria che nel febbraio 2012 a Sanford Florida, uccise il diciassettenne afroamericano, Trayvon Martin. Il movimento diventa particolarmente prominente nel 2020 a seguito dell'uccisione di George Floyd, in seguito a un arresto brutale della polizia. Uno dei principali motori di questo movimento è stato l'uso dei social media. L'hashtag #BlackLivesMatter è diventato un potente strumento di mobilitazione. È servito come piattaforma per condividere storie, informazioni, e per organizzare manifestazioni. La diffusione di video su piattaforme come Twitter e Instagram che mostravano violenza da parte delle forze dell'ordine ha avuto un forte impatto emotivo, spingendo molte persone a unirsi alle proteste o a supportare la causa in altri modi. Sebbene BLM sia nato negli Stati Uniti, i social media hanno amplificato il suo messaggio a livello globale, portando a manifestazioni di solidarietà in molte città del mondo.

Chi c'è dietro a queste iniziative? I giovani. I giovani sono cresciuti in un mondo dove le barriere alla comunicazione sono quasi inesistenti. Con l'avvento di Internet e dei social media, come sottolineato da Putnam nel libro *"Bowling Alone"*, hanno a disposizione strumenti che permettono di connettersi, organizzarsi e mobilitarsi con una velocità e una portata impensabili per le generazioni precedenti. Questi strumenti hanno creato un ambiente fertile per l'innovazione civica. Nel contesto dei cambiamenti climatici, il movimento "Fridays for Future" ha mostrato quanto possa essere potente l'iniziativa giovanile. Era l'estate del 2018 quando Greta Thunberg, all'età di 15 anni, decise di scioperare dalla scuola ogni venerdì, chiedendo azioni concrete contro il cambiamento climatico. La velocità con cui questo movimento è cresciuto ha stupito molti. Come è stato possibile? La risposta risiede nell'intersezione tra la passione genuina dei giovani e la potenza dei nuovi mezzi di comunicazione. Nel mondo moderno, lo spazio delle manifestazioni si è trasformato in un'agorà digitale, una piazza virtuale in cui le persone possono incontrarsi, condividere idee e organizzarsi. Piattaforme come Twitter, Instagram e Facebook sono diventate il luogo dove i giovani, in particolare, condividono le loro preoccupazioni, passioni e aspirazioni. Greta Thunberg ha utilizzato questi strumenti per amplificare il suo messaggio. La sua determinazione e sincerità hanno reso il suo profilo virale. Man mano che le sue foto e i video davanti al parlamento svedese si diffondevano, giovani di altri paesi iniziarono ad emulare la sua azione, organizzando i loro scioperi locali.

che ha iniziato come un atto di protesta in Svezia si è rapidamente trasformato in un movimento globale. Le città di tutto il mondo hanno visto giovani riunirsi nei loro centri, armati di cartelli, passione e una richiesta chiara: azione immediata contro il cambiamento climatico. L'uso di hashtag come #FridaysForFuture e #ClimateStrike ha reso semplice per chiunque, ovunque, unirsi al movimento. Questo ha anche aiutato a creare una sensazione di unità e solidarietà tra i giovani di diverse culture e background. Oltre ai tradizionali scioperi e proteste, il movimento ha adottato una serie di strumenti innovativi per coinvolgere la comunità. Webinar, workshop online, applicazioni mobili per la sensibilizzazione e piattaforme per la raccolta di fondi sono solo alcune delle iniziative che hanno aiutato a mantenere vivo l'interesse e a coinvolgere sempre più persone.

La combinazione di una causa urgente, una leader carismatica e la portata dei social media ha creato un movimento che ha reso il problema dei cambiamenti climatici una priorità globale. E mentre i giovani sono stati la forza trainante dietro questo movimento, il loro messaggio ha attraversato le barriere generazionali, costringendo gli stakeholder e i decisori politici a prestare attenzione.

Tuttavia il potere porta con sé responsabilità. L'accesso quasi illimitato alle informazioni presenta anche le sue sfide. La disinformazione e le fake news possono distorcere la narrativa e influenzare negativamente l'opinione pubblica. Il rafforzamento dell'engagement civico emerge come una necessità imprescindibile per garantire il corretto funzionamento della nostra democrazia che deve essere rinnovata con ogni generazione. La fondazione di qualsiasi società democratica è un cittadino informato. Come suggeriva Pierre Bourdieu in *"La distinzione. Critica sociale del gusto"* (1979), l'educazione va oltre la trasmissione di informazioni: modella l'habi-tus, l'insieme di disposizioni, DI schemi mentali e crea un senso di responsabilità, appartenenza e capacità di intervento nella vita pubblica. Come rafforzare e alimentare l'engagement?

L'educazione civica è da lungo tempo riconosciuta come fondamentale per la formazione di cittadini responsabili e attivi nella vita democratica. La sua importanza viene ulteriormente rafforzata nel contesto europeo, dove i cittadini vivono una realtà multilivello: locale, nazionale ed europea. In Italia la legge 92 del 20 agosto 2019 ha introdotto dall'anno scolastico 2020-2021 l'insegnamento trasversale dell'educazione civica nel primo e secondo ciclo d'istruzione per un'ora alla settimana. Sarà sufficiente? Si tratta di insegnare ai giovani non solo la struttura del governo e le basi dei diritti civili, ma anche di sviluppare un pensiero critico, una comprensione delle complessità sociali e una sensibilità etica.

Le campagne di sensibilizzazione, ben fatte, possono avere un impatto enorme. La chiave è rendere queste campagne rilevanti, coinvolgenti e autentiche. Più che mai, in un mondo saturo di informazioni, la narrazione può essere uno strumento potente per attirare l'attenzione. Facciamo un esempio.

Nel 2017 ha avuto inzio la campagna "#MeToo" ovvero un forum per le vittime di molestie sessuali e abusi per condividere le loro storie, spesso con il semplice hash-tag #MeToo. Originata da Tarana Burke nel 2006, la campagna ha avuto un impatto globale, non solo nel sensibilizzare le persone sul problema delle molestie sessuali, ma anche nell'incoraggiare un cambio legislativo e comportamentale. Ciò che rende #MeToo un esempio è la sua autenticità e la sua rilevanza. Il movimento ha usato le storie come potente strumento narrativo per attirare l'attenzione e creare empatia. Ha anche sfruttato efficacemente i social media per rendere la campagna coinvolgente e accessibile, permettendo a persone di tutti i background di partecipare e condividere le proprie esperienze. La narrazione collettiva ha generato un impatto tangibile: non solo ha creato un'onda di empatia, ma ha anche portato a una rivalutazione critica delle norme culturali e professionali che avevano permesso a tali comportamenti di persistere. Nell'era digitale, la tecnologia ha il potere di democratizzare la partecipazione. Piattaforme online che consentono ai cittadini di discutere questioni, proporre soluzioni e votare iniziativa possono dare ai singoli una voce nel processo democratico. Questi strumenti, se ben progettati e con adeguate garanzie di trasparenza e sicurezza, possono colmare il divario tra i cittadini e i loro rappresentanti.

Nel 2016 è nata la piattaforma partecipativa decidim.barcelona ideata dal Comune di Barcellona per favorire la collaborazione diretta dei cittadini nelle decisioni pubbliche. La piattaforma permette ai cittadini di proporre idee per progetti locali, discuterle, svilupparle in proposte concrete e votarle. Queste proposte possono poi essere prese in considerazione dall'amministrazione comunale nella definizione delle politiche locali. Quello che rende Decidim particolarmente interessante è la sua combinazione di trasparenza e inclusività. La piattaforma è stata progettata per essere facilmente accessibile e navigabile ad un ampio spettro di utenti. Le proposte e le discussioni sono pubbliche, il che permette una maggiore chiarezza nel processo decisionale. La democrazia, come ogni altra forma di governo, è un'entità dinamica. Non è statica né immutabile, e le sue radici affondano nel desiderio delle persone di avere voce nelle decisioni che influenzano le loro vite. Guardando al passato, la storia delle democrazie mostra una capacità notevole di adattarsi, rinnovarsi e prosperare di fronte a sfide imprevedibili e in continuo cambiamento.

È vero che viviamo in un'era in cui la rapidità dell'informazione, la globalizzazione e le pressioni sociali e ambientali presentano sfide senza precedenti per le istituzioni democratiche. Tuttavia, proprio come un albero che cresce e si adatta alle tempeste piegando i suoi rami piuttosto che spezzarli, la democrazia ha la capacità intrinseca di piegarsi, riformarsi e rafforzarsi in risposta a tali sfide.

La chiave sta nell'equilibrio. Un equilibrio tra reattività e stabilità, tra l'ascolto attivo delle esigenze dei cittadini e il mantenimento di una visione di lungo periodo che va oltre le soluzioni immediate e populistiche. Una democrazia che riesce a trovare questo equilibrio diventa resiliente. Diventa un sistema in grado di ascoltare e incorporare le diverse voci e opinioni dei suoi cittadini, mantenendo al contempo un corso stabile che guarda al bene comune a lungo termine. In questo contesto, le istituzioni democratiche non sono solo reattive, ma proattive, cercando soluzioni innovative e sostenibili per affrontare le sfide del futuro.

Inoltre, la democrazia ha un altro grande vantaggio: l'educazione e l'empowerment dei suoi cittadini. Una popolazione informata, educata e partecipativa è il miglior baluardo contro l'erosione delle libertà civili e i tentativi di manipolazione. Quando i cittadini sono attivamente coinvolti nella vita pubblica, le istituzioni democratiche sono rafforzate e la democrazia diventa più resistente alle influenze esterne.

In sintesi, se ben gestita e nutrita, la democrazia ha tutto il potenziale per adattarsi, rinnovarsi e superare le sfide del nostro tempo. Tutto ciò richiede un impegno costante da parte di leader, cittadini e istituzioni per garantire che l'equilibrio tra reattività e stabilità sia mantenuto, e che la visione di lungo periodo prevale sulle soluzioni di breve termine.

CAPITOLO 5

EDUCAZIONE RESILIENTE

123 milioni. È una cifra che in altre circostanze potrebbe essere motivo di celebrazione, forse il totale degli spettatori di una partita importante o la vendita fruttuosa di un prodotto innovativo. Invece è il numero di bambini, a livello mondiale, che non frequenta la scuola elementare.

129 milioni. Le bambine senza accesso all'istruzione, equivalente a tutte le ragazze in Italia, Francia, Germania e Spagna messe insieme.

617 milioni. I bambini che non raggiungono livelli di competenza adeguati.

In Italia l'anno scolastico inizia in un clima di post-pandemia, ma le ferite del Covid-19 sono palpabili in quanto resta l'impoverimento educativo. Gli investimenti scolastici sono del 4,1%, sotto la media europea del 4,8%. La carenza di servizi essenziali scolastici è al 11,5%, oltre la media europea.

Tuttavia, la crisi ha anche il potere di rivelare, di farci vedere con chiarezza. E in questo scenario, l'istruzione emerge come uno dei pilastri più solidi su cui costruire un futuro migliore, uno strumento che non si limita a preparare per un lavoro, ma per la vista stessa, per essere in grado di affrontare problemi complessi come il cambiamento climatico, la disuguaglianza economica, la disinformazione.

Le idee radicali possono sembrare meno intimidatorie quando il mondo intorno a noi è già radicalmente cambiato. Ecco perché ora è il momento di osare, di immaginare un sistema educativo che risponde alle esigenze del presente senza compromettere le possibilità del futuro.

Paulo Freire, nel suo libro "Pedagogia dell'oppresso", traccia una critica incisiva dei modelli educativi tradizionali. Era il 1968 quando il libro viene pubblicato ma la sua critica risulta, anche adesso, rilevante. Lo scrittore paragona l'istruzione a un sistema bancario: gli studenti sono visti come depositi vuoti in attesa di essere "riempiti" di conoscenza dagli educatori. Freire sostiene che questo modello non solo è inefficace, ma perpetua anche le disuguaglianze. Invece di sviluppare pensatori critici pronti a sfidare lo status quo, si rischia di formare generazioni di individui passivi, pronti ad accettare la realtà come viene presentata, senza mai metterla in discussione. In un mondo dove la disuguaglianza è una delle sfide più pressanti, dobbiamo chiederci: l'istruzione è parte della soluzione o parte del problema?

Sir Ken Robinson, in "Out of Our Minds" (2001), sottolinea l'importanza di spostarsi da un'istruzione basata sulla conformità a una che celebra la creatività. Se le macchine possono memorizzare e processare informazioni molto più rapidamente degli esseri umani, il valore reale risiede nella capacità di pensare fuori dagli schemi, di essere adattabili e innovativi. La creatività non è solo riservata agli artisti e ai musicisti; è un ingrediente essenziale per chiunque voglia prosperare in un ambiente in costante mutamento. Ma l'inventiva, come sottolinea Robinson, è spesso soffocata nei sistemi educativi tradizionali, dove gli errori sono puniti invece di essere visti come opportunità di apprendimento. La verità è che la permacrisi ci ha messo di fronte a una scelta. Possiamo aggrapparci ai vecchi modelli, sperando che ci portino attraverso la tempesta, o possiamo accogliere la sfida e reinventare, anche l'istruzione. Non per come è sempre stata, ma per come deve essere in un mondo dove l'unica costante è il cambiamento. Nel panorama educativo globale, un esempio potente è il sistema cinese. Esso, con le sue dinamiche complesse, è la personificazione di un doppio binario: da un lato l'ammirazione per un modello che produce risultati scolastici stellari e dall'altro il timore per un sistema che potrebbe schiacciare la differenza individualistica. La Cina, una nazione di miliardi di persone, ha sistematicamente scalato le vette dei ranking internazionali in termini di rendimento scolastico. Eppure, questo trionfo accademico nasconde delle ombre. La metodologia fortemente standardizzata, benché produca eccellenza, rischia di diventare un cappio che soffoca l'individualità, la creatività, l'innovazione. In una struttura così rigida, dove si sta tra i binari tracciati, dove si procede?

Yong Zhao nel suo "Who's Afraid of the Big Bad Dragon?: Why China Has the Best (and Worst) Education System in the World" (2014) mette in luce il paradosso: una nazione che domina i test internazionali, ma che al tempo stesso si preoccupa della mancanza di innovatori e pensatori originali tra le sue fila. Un sistema che, pur essendo impeccabile nella preparazione di studenti standardizzati, si chiede se sta formando le menti brillanti necessarie per gestire e governare il futuro.

Ecco la domanda che emerge, potente, dal testo di Zhao: può un sistema educativo fortemente standardizzato preparare adeguatamente i suoi studenti per un mondo in costante evoluzione? La risposta potrebbe non essere così semplice. In un contesto di cambiamento la resilienza, l'adattabilità e la creatività sono monete preziose. Sono queste le competenze che permettono di navigare attraverso tempeste inaspettate e di affrontare sfide mai viste prima. La standardizzazione, se eccessiva, potrebbe non fornire gli strumenti necessari per affrontare la realtà in cui viviamo.

Il modello cinese, con le sue potenzialità e insidie, diventa dunque uno specchio in cui ogni sistema educativo può, e forse dovrebbe, riflettere. Esso interroga la natura stessa dell'istruzione, spingendo a una domanda: quale equilibrio tra standardizzazione e personalizzazione, tra conformità e creatività, tra tradizione e innovazione, è necessario per preparare la prossima generazione ad un mondo incerto? Passando dalla realtà cinese, la domanda che sorge spontanea è: a chi è destinato il modello educativo tradizionale? Todd Rose, nel suo influente lavoro "The End of Average" (2015), ha messo in evidenza una delle carenze fondamentali dei sistemi educativi dominanti: sono modellati intorno all'idea dello"studente medio". Ma, come sostiene Rose, l'idea stessa è un mito: non esiste veramente uno studente "medio". Questa fallacia porta inevitabilmente a un sistema che tende ad escludere piuttosto che includere. Il problema con la progettazione dell'istruzione basata su questo modello è che tende a ignorare la variabilità individuale. In pratica, molti studenti si trovano marginalizzati: quelli che potrebbero avere bisogno di più sostegno o di sfide aggiuntive, quelli con stili di apprendimento diversi o quelli con talenti e interessi unici. L'obiettivo dell'istruzione non dovrebbe essere uniformare, ma piuttosto riconoscere e valorizzare le differenze individuali.

Alcuni paesi stanno già sperimentando modelli più flessibili e inclusivi, riconoscendo che la diversità è una risorsa, non un ostacolo. Prendiamo, ad esempio, la Norvegia. Qui, l'istruzione è vista come un diritto per tutti. Il sistema educativo norvegese pone l'accento sulla personalizzazione dell'istruzione, assicurando che ogni studente possa progredire al proprio ritmo. Invece di test standardizzati, gli insegnanti utilizzano valutazioni formative per guidare l'apprendimento degli studenti, permettendo un adattamento continuo. La collaborazione e la riflessione critica sono componenti chiave del sistema norvegese, preparando gli studenti a diventare cittadini attivi e pensatori indipendenti.

Facciamo un esempio concreto. Fino ad un certo livello le scuole norvegesi sono scuole senza voti: anziché una corsa al punteggio gli studenti devono focalizzarsi sull'apprendimento come un percorso, piuttosto che un risultato. Gli orari flessibili, che alcune istituzioni offrono, diventano l'emblema del riconoscimento che l'apprendimento non è uniforme, che ogni studente ha un ritmo unico. Mentre alcuni potrebbero vedere in questo un segno di indulgenza, la Norvegia lo vede come un investimento nell'individuo. Questa filosofia si riflette anche nella progettazione delle aule: spazi aperti e versatili in cui l'apprendimento non è confinato tra quattro mura. La natura, con la sua bellezza e le sue sfide, diventa un'estensione dell'aula, portando l'apprendimento oltre i confini tradizionali.

Similmente, la Nuova Zelanda ha intrapreso una profonda riforma del proprio curriculum, mettendo l'individuo al centro del processo educativo. L'enfasi non è più sulla memorizzazione e sulla assimilazione di informazioni, ma sull'apprendimento come un viaggio di scoperta.

A queste iniziative si unisce il curriculum Te Whāriki per l'educazione della prima infanzia.

"Te Whāriki" si traduce letteralmente come "il tappeto intrecciato" ed è una metafora che rappresenta l'interconnessione dei vari fili dell'educazione, formando un tessuto coerente ed unitario. Il curriculum stesso è concepito come una rete di principi e pratiche pedagogiche che sostengono lo sviluppo e l'apprendimento dei bambini nei primi anni. 4 sono i principi fondamentali che ne costituiscono la base:

/ Whakamana - Empowerment: capacità di imparare e crescere in un ambiente che valorizza individualità e capacità.

/ Kotahitanga - Olisticità: ogni bambino viene considerato un individuo completo, il cui apprendimento e sviluppo avviene in modo olistico.

/ Whānau Tangata - Famiglia ed appartenenza: riconoscere l'importanza del contesto familiare e sociale in cui il bambino cresce.

/ Ngā Hononga - Relazioni: la formazione si basa sulla centralità delle relazioni tra i bambini, gli educatori, le famiglie e la comunità.

Questi principi si manifestano in cinque aree di apprendimento, o "fili", che sono:

/ Benessere - la salute e il benessere del bambino sono protetti ed accresciuti.

/ Appartenenza - il bambino e la sua famiglia sperimentano un senso di appartenenza.

/ Contributo - le opportunità per l'apprendimento sono equitabili, e ogni bambino è un cittadino attivo.

/ Comunicazione - il linguaggio, la comunicazione e le rappresentazioni sono il mezzo per scoprire e fare senso del loro mondo.

/ Esplorazione - il bambino impara attraverso l'esperienza attiva e il gioco.

Un altro elemento distintivo di Te Whāriki è l'integrazione profonda della cultura e dei valori Māori. Non si tratta solo di un'inclusione simbolica, ma piuttosto di un impegno per assicurare che i bambini Māori possano sperimentare il curriculum in modi che siano affini alla loro identità culturale.

Piuttosto che adattare i bambini a un sistema prestabilito, l'obiettivo è di adattare l'educazione per soddisfare le esigenze di ogni bambino. Questo è l'essenza dell'approccio centrato sull'individuo della Nuova Zelanda all'educazione della prima infanzia.

Questi paesi ci mostrano che un'istruzione di qualità non deve necessariamente significare uniformità. Al contrario, può e dovrebbe essere radicata nel riconoscimento e nella valorizzazione delle diversità. In un'era di permacrisi, dove le sfide sono complesse e interconnesse, abbiamo bisogno di menti diverse che possano collaborare e innovare.

Dopo aver analizzato diversi modelli educativi globali, dai rigidi sistemi asiatici alla flessibilità norvegese e neozelandese, emerge un tema comune: la necessità di riconoscere e valorizzare l'unicità di ogni studente. L'idea dello studente medio, come illustrato da Todd Rose, ha dimostrato i suoi limiti. E se l'obiettivo dell'istruzione è di riconoscere e valorizzare le differenze individuali, allora è essenziale ripensare il modo in cui vediamo l'apprendimento e il successo.

La psicologa americana Carol Dweck, nel suo libro "Mindset: The New Psychology of Success", identifica due mentalità fondamentali: quella fissa e quella di crescita. Una persona con una mentalità fissa crede che le qualità, come l'intelligenza o il talento, siano tratti statici e innati. In altre parole, si nasce con un certo livello di intelligenza e talento, e questo non cambierà significativamente nel corso della vita.

Al contrario, una persona con un mindset di crescita crede che le abilità e l'intelligenza possano essere sviluppate con l'impegno, l'educazione e la perseveranza. L'errore non è visto come una prova di incapacità, ma come un'opportunità per imparare e crescere. La distinzione tra questi due mindset ha profonde implicazioni per l'educazione. Se un studente ha una mentalità fissa, potrebbe evitare le sfide per paura di fallire, vedendo l'errore come una prova del suo valore o mancanza di talento. Tali studenti potrebbero diventare facilmente scoraggiati di fronte a ostacoli e avversità. D'altro canto, gli studenti con una mentalità di crescita sono più propensi a vedere le sfide come opportunità. Non temono l'errore, ma piuttosto lo vedono come un passaggio nel processo di apprendimento. Questa prospettiva può avere un profondo impatto sulla motivazione, sulla resilienza e, in ultima analisi, sul successo.

I mindset possono essere modellati e influenzati da una varietà di fattori, tra cui l'istruzione. Insegnanti e genitori possono giocare un ruolo fondamentale nell'incoraggiare una mentalità di crescita. Elogiare lo sforzo piuttosto che il talento innato, affrontare gli errori come opportunità e promuovere la curiosità sono tutti modi per coltivare questo approccio positivo.

Se l'istruzione è il mezzo attraverso il quale le persone possono accrescere le loro capacità individuali è anche lo strumento che ci permette di esercitare un'autentica libertà di scelta. La libertà, in questo contesto, non si intende solo come assenza di coercizione o oppressione, ma come capacità di fare scelte informate e di agire su di esse. L'istruzione alimenta questa capacità, fornendo le competenze, la conoscenza e il discernimento necessari per prendere decisioni che influenzano positivamente la vita dell'individuo e della comunità. Una popolazione istruita è più attrezzata per sfidare e resistere alle ingiustizie, per creare e innovare, e per contribuire alla crescita sostenibile della propria società. Gli individui istruiti non sono solo riceventi passivi di informazioni, ma attori critici e pensatori indipendenti, capaci di formulare giudizi e di intervenire nel mondo che li circonda. L'istruzione, quindi, diventa una chiave per l'autodeterminazione. Essa fornisce gli strumenti per interpretare il mondo, per dare voce alle proprie opinioni e per realizzare sogni e aspirazioni. L'istruzione, così concepita, diventa un diritto umano fondamentale, perché senza di essa, le persone sono negate della libertà di pensare, di scegliere e di agire in modi che determinano il corso delle loro vite.

Se l'istruzione è il veicolo per una libertà ben ponderata, per una crescita ineguagliata delle potenzialità umane, allora è indispensabile interrogarsi su cosa dovrebbe essere un sistema educativo del 21° secolo. Non si tratta di un mero aggiornamento, una riforma superficiale o l'inserimento di tecnologie all'avanguardia nelle aule, seppur importanti. È una riconsiderazione radicale di cosa significa preparare un individuo a vivere in un mondo tanto meravigliosamente complesso quanto pericolosamente incerto. Da una riflessione meticolosa sulle migliori pratiche globali in campo educativo, emerge una verità: l'aggiornamento non è opzionale; è una necessità. Le sfide del nuovo secolo - la rapida evoluzione tecnologica, le questioni ambientali impellenti, le tensioni geopolitiche - richiedono una generazione che possa pensare in modo critico, che possa adattarsi, che possa non solo sopravvivere, ma prosperare anche nell'instabilità. E per fare ciò, gli studenti necessitano di un ambiente che alimenti la resilienza, l'adattabilità, e soprattutto, la libertà di pensare e di agire.

Ma come si costruisce un sistema educativo che sia all'altezza di tali aspettative? Si parte dall'abbandono di vecchie concezioni su ciò che l'istruzione dovrebbe fare. Si tratta di coltivare la capacità di imparare a imparare, di essere perennemente curiosi, di mettere in discussione lo status quo e di risolvere problemi in modi che non erano pensabili prima.

L'Italia, storico crocevia di cultura e apprendimento in Europa, presenta oggi delle statistiche preoccupanti quando si parla di investimenti nel settore dell'istruzione. Prendendo i dati di Banca d'Italia, Corte dei conti, Eurostat, Ministero dell'Economia Con una spesa di 8.514 euro per studente, l'Italia investe il 15% in meno della media delle grandi economie europee. Rispetto alla spesa pubblica, l'Italia destina all'istruzione poco più dell'8% del suo budget, nettamente inferiore alla media dell'Unione Europea, che si attesta al 9,9%.

Questo scollamento tra l'Italia e gli altri stati europei non è recente. Risalendo agli anni '70, l'Italia non ha mai eccelso per quanto riguarda la spesa pubblica in istruzione, rimanendo costantemente al di sotto della media europea. Dal 2000 ad oggi, c'è stata una riduzione dell'investimento, passando dal 10% al 8%.

La situazione dell'istruzione superiore in Italia si intreccia strettamente con le politiche neoliberiste. La scarsa spesa nella formazione universitaria ha reso il paese non competitivo, posizionandola al penultimo posto in Europa, superando solo la Romania, per quanto riguarda il numero di laureati.

La crisi del 2008 ha aggravato la situazione, con una contrazione delle risorse dedicate all'istruzione. L'Italia, pur essendo la terza economia più grande dell'UE, ha investito solo l'8% delle risorse pubbliche in istruzione tra il 2015 e il 2018. Questa percentuale è nettamente inferiore rispetto alla media europea del 9,9%. Il contesto universitario soffre maggiormente rispetto alle altre istituzioni educative. Nel periodo 2010-2018, la spesa per l'istruzione superiore è stata ridotta del 19%, a dispetto di una riduzione complessiva del 7% nel settore istruzione. Negli ultimi anni l'Italia si sta trovando di fronte a un'opportunità per ridisegnare il proprio sistema educativo. Il Piano Nazionale di Ripresa e Resilienza (PNRR) Italia Domani prevede 6 riforme e 11 direttrici d'investimento, tutte concentrate sotto l'egida del Ministero dell'Istruzione. Questo piano imponente dà vita a "Futura - La scuola per l'Italia di domani", un inquadramento che intende tessere insieme diverse iniziative, sostenute sia da fondi nazionali che europei. L'obbiettivo? Una scuola che non solo segue i tempi, ma li anticipa: innovativa, rispettosa dell'ambiente, sicura e, soprattutto, inclusiva. Si tratta di una missione per un'istruzione che garantisca l'accesso universale all'apprendimento, abilità digitali e competenze essenziali. Un futuro che non tollera disparità, né dispersioni scolastiche, né il grave peso della povertà educativa o delle disuguaglianze territoriali. Con un investimento notevole di 17,59 miliardi, incluso l'importo destinato ai progetti già in corso l'Italia aspira a formare individui non solo competenti, ma consapevoli. Giovani cittadini pronti a prendere le redini della transizione digitale ed ecologica dell'Italia, a guidare il paese verso orizzonti sostenibili. Questa rivoluzione educativa copre vari ambiti: dalla riorganizzazione complessiva del sistema, alla formazione di chi insegna, dalle dinamiche di reclutamento, fino al riassetto degli istituti tecnici, professionali e superiori. Il tutto, naturalmente, allineato alle direttrici europee, seguendo le linee guida della Commissione e rispettando il Regolamento UE n. 241/2021. L'Italia, con queste mosse, non solo risponde alle esigenze interne, ma si inserisce con determinazione nel contesto europeo, proiettandosi verso una visione di istruzione che possa davvero fare la differenza nel futuro del paese.

La resilienza diventa non solo una parola d'ordine, ma una necessità per le generazioni future. E questa resilienza proviene, in gran parte, dalla capacità di vedere le sfide come opportunità e di trasformare gli errori in momenti di apprendimento, una chiara manifestazione della mentalità di crescita.

Le statistiche mostrano che l'Italia, pur avendo un patrimonio culturale e storico invidiabile, ha una certa riluttanza a investire nell'istruzione al ritmo di altre nazioni europee. Con il PNRR abbiamo una possibilità concreta di investire saggiamente concentrandoci non solo sulla quantità, ma anche sulla qualità dell'istruzione. In un mondo in tumultuosa evoluzione, l'istruzione non può rimanere statica. Deve essere innovativa, adattabile e riflettente dei cambiamenti che avvengono intorno a noi. Le competenze digitali, l'apprendimento basato su progetti e un'istruzione centrata sulle abilità sono tutti strumenti essenziali nel bagaglio di ogni studente. L'equità e l'accessibilità non possono essere sottovalutate. L'istruzione deve essere un diritto e non un privilegio, disponibile a tutti indipendentemente dalla loro origine, background o località. Allo stesso tempo, pur aspirando a una visione globale e allineata alle direttive europee, l'istruzione in Italia deve rispecchiare le sfide e le opportunità uniche di ogni regione e comunità. In conclusione, la permacrisi ha svelato molte delle lacune presenti nel sistema educativo italiano, ma ha anche fornito l'opportunità di riflettere e riformare. La resilienza, la capacità di adattarsi e una visione che bilancia il locale e il globale saranno determinanti per garantire che l'istruzione in Italia non solo soddisfi le esigenze del presente, ma prepari anche le generazioni future a un mondo in costante cambiamento.

CAPITOLO 6

LA FRAGILITA' PSICOLOGICA

DI FRONTE ALL'INCOGNITA

Infodemia. Vi dice qualcosa?

Il termine, portato alla ribalta dall'OMS, l'Organizzazione Mondiale della Sanità nel 2020 viene utilizzato per la prima volta nel 2003 dal giornalista David J. Rothkopf sul Washington Post, con l'articolo "*When The Buzz Bites Back*" per descrivere la situazione mediatica durante l'emergenza di SARS. Infodemia rimanda ad una "epidemia di informazioni" catturando l'essenza delle notizie che ci bombardano quotidianamente, spesso sulle questioni più sensibili e cruciali del nostro tempo. Il dilemma del nostro tempo non è legato solo alle fake news ma anche alle informazioni veritiere che, quando presentate in modo frammentato, sensazionalistico o ambiguo, possono contribuire all'overload informativo, alimentando confusione, disconnessione e ansia. La velocità con cui le notizie si propagano, la loro pervasività e l'immediatezza con cui vengono consumate rappresentano una sfida per la nostra capacità di elaborazione e comprensione. L'ansia ha sempre avuto un ruolo fisiologico fondamentale nella nostra evoluzione: ci avverte dei pericoli imminenti, agendo come un campanello d'allarme che mette in moto il nostro corpo e la nostra mente, rendendoci pronti a reagire. Nel 1996 la ricerca del neuroscienziato Joseph LeDoux ha portato alla luce meccanismi fondamentali del cervello che si attivano in risposta a minacce percepite. Al centro di questo sistema si trova l'amigdala, una piccola formazione cerebrale, simile ad una mandorla, incaricata di elaborare le reazioni emotive, in particolare la paura e l'ansia. Quando riceviamo stimoli sensoriali, come immagini o suoni, queste informazioni passano attraverso questo nucleo prima di raggiungere le regioni del cervello responsabili della cognizione. Ciò significa che prima di poter elaborare razionalmente un'informazione, l'amigdala ha già valutato se essa rappresenta una minaccia. Nei suoi esperimenti con i roditori, LeDoux ha rilevato che questo "centro di allarme" del cervello è essenziale per il condizionamento pavloviano della paura. In questa forma di apprendimento, un animale impara a associare un segnale neutro (come un suono) a un evento minaccioso (come una scarica elettrica). Una volta stabilita questa associazione, il solo suono è in grado di innescare una risposta di paura nell'animale, anche in assenza della scarica elettrica.

LeDoux ha anche scoperto che esistono connessioni bidirezionali con altre regioni del cervello, come la corteccia prefrontale. Mentre l'amigdala può attivare rapidamente risposte di paura, la corteccia prefrontale può modulare queste risposte, fornendo un controllo cognitivo e razionale sulla paura e l'ansia. Ma, in situazioni di stress intenso o ansia cronica, questa modulazione può essere compromessa, lasciando l'amigdala in uno stato di iperattività. Lo stress, inteso come risposta del corpo a qualsiasi richiesta di adattamento, non è di per sé negativo, tuttavia se l'ansia da campanello d'allarme diventa un ronzio costante che condiziona ogni momento della giornata gli individui possono sperimentare una cascata di reazioni ormonali. In questi casi, per esempio, il cortisolo, l'ormone dello stress, viene rilasciato in grandi quantità, provocando effetti su molte parti dell'organismo: da un sistema immunitario indebolito all'accelerazione del processo di invecchiamento. La connessione tra lo stress e l'ansia è ineludibile. Questa concatenazione non è solo un fenomeno socio-culturale: l'esposizione ad un ripetuto stress può far entrare l'individuo in uno stato d'ansia generalizzata. Il senso di impotenza, o "helplessness", si manifesta quando ci sentiamo intrappolati in questo ciclo. Nella situazione di instabilità generalizzata che viviamo oggi, una parte importante di ansia viene generata proprio dalla ricerca delle cause della stessa: l'informazione. In "*The Shallows: What the Internet Is Doing to Our Brains*" (2010) Nicholas Carr spiega come il flusso costante di informazioni digitali a cui siamo sottoposti ha creato una sorta di 'pattinaggio superficiale'. La crescente dipendenza dalla rete ha modificato il modo in cui leggiamo, apprendiamo e, in definitiva, pensiamo. Tradizionalmente, la lettura di un libro richiedeva un tipo di concentrazione focalizzata, un'immersione nel testo che permetteva riflessione e contemplazione. Questo tipo di lettura approfondita ha plasmato per secoli la mente umana, arricchendo il nostro pensiero critico e la nostra capacità di astrazione. Con l'avvento di Internet, i collegamenti ipertestuali, le pubblicità in movimento, i video incorporati e le innumerevoli distrazioni digitali hanno frammentato la nostra attenzione. Come Carr illustra, siamo diventati maestri nello scorrere, scansionare e saltare da una fonte all'altra, ma nel viene sacrificata parte della capacità di immersione in una singola fonte con profondità. La mente, plasmata dalla sua interazione con gli strumenti che utilizza, si sta adattando a questo nuovo ambiente digitale, e non necessariamente in modo positivo. Ci sentiamo sommersi, non solo dall'informazione, ma anche dalla complessità di decodificarla, di dare un senso alla marea di voci che ci circondano. La conoscenza, come sosteneva il filosofo Francis Bacon, è potere. E, nel contesto contemporaneo, avere una consapevolezza informata significa possedere uno strumento cruciale che permette di elaborare una visione critica, di formare opinioni proprie e, in definitiva, di esercitare quell'essenziale potere decisionale che guida le nostre azioni e il nostro posto nel mondo.

Barry Glassner, professore di sociologia, attraverso decenni di studi e analisi, ha evidenziato un altro aspetto fondamentale della psicologia collettiva: le percezioni del pericolo sono profondamente radicate alle storie che ci raccontiamo come società. Non si tratta solo di notizie o dichiarazioni politiche, ma delle trame culturali che danno forma alle nostre vite quotidiane.
Immersi in un'era mediatica, siamo costantemente esposti a racconti. Questi racconti, tuttavia, non sono neutrali: sono carichi di significati, di simbolismi e, spesso, di agende sottostanti. I media, per esempio, in cerca di ascolti e di lettori, possono spesso magnificare certi pericoli al di là della loro effettiva gravità. Un incidente isolato può essere presentato come un'epidemia; un evento raro come una regolare minaccia. Questo non solo distorce la percezione del rischio, ma alimenta anche una cultura della paura. E non sono solo i media a plasmare queste narrazioni. La politica, nel suo tentativo di mobilitare l'opinione pubblica, può enfatizzare certe minacce mentre ne trascura altre. Questo può portare a decisioni di politica pubblica che non riflettono necessariamente i reali pericoli, ma piuttosto quelli

percepiti. Glassner sottolinea un paradosso: mentre abbiamo accesso a più informazioni che mai, la nostra capacità di discernere e comprendere i reali rischi sembra essere compromessa. In molti casi, siamo diventati prigionieri delle nostre stesse narrazioni, permettendo a paure irrazionali di guidare le nostre decisioni e il nostro comportamento. Negli anni '70, per esempio, il film "Lo Squalo" di Steven Spielberg divenne un successo mondiale. La sua raffigurazione di uno squalo assassino che terrorizza una piccola comunità costiera ha lasciato un'impressione duratura sugli spettatori. A seguito del film, molte persone hanno sviluppato una paura profonda degli squali, pensando che questi animali fossero killer implacabili in attesa di preda nelle profondità marine.

La realtà, tuttavia, è molto diversa. Gli attacchi di squali sugli esseri umani sono estremamente rari. In effetti, si è più a rischio di morire a causa di un fulmine, di un'ape o persino di un incidente con un cervo (come una collisione stradale) piuttosto che a causa di uno squalo. Tuttavia, ogni volta che avviene un attacco di squalo, i media tendono a dargli grande risalto, rinfocolando la paura pubblica. Nonostante le statistiche e i dati oggettivi, la cultura popolare, amplificata dai media e dai racconti, può distorcere profondamente la nostra percezione del rischio. L'immagine dello squalo come un predatore feroce e insaziabile ha preso il sopravvento sulla realtà scientifica degli squali come creature essenzialmente curiose e, nella maggior parte dei casi, indifferenti agli esseri umani.

In parallelo a questa distorsione, la società contemporanea è testimone di un declino dei legami sociali e comunitari. L'isolamento sociale non è solo una questione di solitudine individuale ma anche un'erosione del capitale sociale - le reti, le norme e la fiducia che facilitano la cooperazione all'interno di una società – e ha avuto profonde ripercussioni sulla vita degli individui e sul tessuto stesso della società. Una delle manifestazioni più tangibili di questo declino è stata la diminuzione della partecipazione in attività comunitarie e associative. Un tempo, le persone si riunivano regolarmente in club civici, gruppi di lettura, squadre di bowling e altre associazioni di vicinato. Questi raduni non solo offrivano opportunità di socializzazione, ma creavano anche un senso di appartenenza e di sicurezza. In questi contesti, le persone condividevano la propria vita creando un senso di solidarietà e comprensione reciproca. Tuttavia, oggi, senza il continuo interscambio di esperienze e la verifica con gli altri, le percezioni individuali possono diventare eccessivamente influenzate da fonti esterne che spesso amplificano le paure e presentano una visione distorta della realtà. Inoltre, in assenza di legami comunitari forti, le persone possono sviluppare una crescente diffidenza verso gli estranei. La mancanza di familiarità e di contatti regolari con una varietà di individui può portare a generalizzazioni e pregiudizi. Questo, a sua volta, può alimentare paure infondate e percezioni errate del pericolo con effetti tangibili sulla salute pubblica, sull'educazione e sulla qualità della vita democratica.

In tempi di permacrisi, dove ogni notizia sembra portare con sé un carico di preoccupazione, è fondamentale ricordare l'importanza del discernimento. Questo significa dedicare momenti specifici all'approfondimento delle notizie, stabilendo dei limiti chiari. Non ogni notizia, per quanto allettante o scioccante, merita la nostra completa attenzione.

Per contrapporsi a questo insieme di input, è necessario esercitare una sorta di "igiene informativa", selezionando fonti affidabili, evitando la spirale del clickbaiting e ricordando che la storia dell'umanità non è solo un elenco di catastrofi. Per quanto gli eventi tragici e negativi occupino spesso le prime pagine dei giornali, la realtà storica ci insegna che viviamo in un'epoca di progressi senza precedenti in molti campi, dalla medicina alla tecnologia, dalla pace sociale all'inclusività. E mentre si prende coscienza di questa realtà, è altrettanto vero che ogni individuo ha il potere di influire sul cambiamento, di scegliere le cause in cui crede e di lavorare per un mondo migliore. Questo non è un invito all'ottimismo ingenuo, ma piuttosto un richiamo alla responsabilità e all'azione consapevole.

Certo, il saper leggere le notizie non risolve completamente quella sensazione di helplessness che molti individui vivono perché questa è alimentata anche dalla crescente preoccupazione per i cambiamenti climatici, i danni ambientali, le guerre, i conflitti e l'instabilità economica. Guy Standing, economista britannico, ha identificato una tendenza crescente nella forza lavoro globale: l'emergere del "precariato". Questo termine, derivato dalla parola "precarious" (precario), è stato adottato per descrivere una nuova classe di lavoratori che non si adattano alle tradizionali definizioni di "classe operaia" o "classe media". Il precariato non è solo una categorizzazione economica, ma rappresenta un'identità socio-culturale. Questi individui vivono in un limbo, oscillando tra l'insicurezza del lavoro occasionale e la speranza di una stabilità che sembra sempre fuori portata. Questi non sono solo i giovani o coloro che lavorano in economie informali; possono essere anche lavoratori anziani, altamente qualificati, che una volta avevano lavori stabili, ma che ora affrontano la prospettiva di riduzioni salariali o licenziamenti. La mentalità del precariato è dominata dalla sensazione di essere sempre sul punto di cadere, senza una rete di sicurezza. La mancanza di sicurezza lavorativa trasforma la normale ansia della vita quotidiana in un costante stato di allerta. Ogni decisione, grande o piccola, è vista attraverso la lente della sopravvivenza. Questo stress può portare ad un esaurimento emotivo, dove la capacità di prendere decisioni, anche quelle fondamentali

come investimenti o pianificazione familiare, può essere bloccata dalla paura delle conseguenze future.
Come possiamo affrontare tutto ciò e trovare equilibrio?

La psicoterapia è il primo mezzo che può aiutare gli individui a riconnettersi con sé stessi, a rielaborare e liberare questi traumi incastonati. Ma un approccio interessante è quello della Mindfulness promossa da Jon Kabat-Zinn, biologo e professore americano, che ha fondato il Center for Mindfulness in Medicine, Health Care, and Society presso la University of Massachusetts Medical School. Il centro promuove questo metodo per migliorare la salute e, nel corso degli anni, è stato integrato in molte terapie per trattare l'ansia, lo stress, il dolore cronico e la depressione. Kabat-Zinn ha mostrato come l'atto di essere pienamente presenti, senza giudizio e con accettazione, possa avere effetti profondamente terapeutici. Questa tecnica di consapevolezza permette di sperimentare ogni pensiero o preoccupazione come un evento singolo, piuttosto che come parte di una catena interminabile di ripetizioni. Non si tratta di un'idea nuova, ma di un concetto profondamente radicato nelle tradizioni spirituali dell'Oriente, in particolare nel buddhismo. Nella sua essenza, la mindfulness è un esercizio di focalizzazione, una pausa deliberata dai rumori incessanti del quotidiano, permettendo all'individuo di connettersi con sé stesso e con il suo ambiente in modo autentico e profondo. Ciò che rende la mindfulness particolarmente affascinante è la sua capacità di insegnare agli individui a trattare ogni pensiero e preoccupazione come un'entità separata. È come se, attraverso la pratica, si imparasse a isolare e identificare le cause che provocano ansia, permettendo di riconoscere e affrontare ogni preoccupazione nella sua unicità. Invece di essere sommersi da una cascata di pensieri, l'individuo diventa un osservatore attento, in grado di districarsi nel groviglio delle proprie emozioni. L'essere umano ha sempre avuto la necessità di trovare pace e armonia interiore. La mindfulness, quindi, non è solo una tecnica di meditazione, ma rappresenta un ritorno alle radici della nostra esistenza, un ponte tra il passato e il presente, un invito a riscoprire la profondità e la ricchezza della nostra interiorità.

Uno degli esercizi più basilari e accessibili di mindfulness è la meditazione sul respiro.

È un esercizio che chiunque può fare, in qualsiasi momento e luogo.

Ecco come si pratica:

1.Trova un luogo tranquillo. Siediti o distenditi, trova una posizione comoda.

2.Chiudi gli occhi (se ti senti a tuo agio) e porta la tua attenzione al tuo respiro.

3.Osserva il respiro. Nota la sensazione dell'aria che entra ed esce dalle narici o il movimento del petto o dell'addome mentre respiri. Non c'è bisogno di cambiare il ritmo del tuo respiro, osservalo semplicemente così com'è.

4.Quando la mente inizia a vagare (e lo farà, perché è nella sua natura), riconosci gentilmente dove è andata e riporta l'attenzione al respiro.

5.Se ti accorgi di essere distratto da un rumore esterno, da un pensiero o da una sensazione fisica, semplicemente osserva quella distrazione, accettala senza giudizio e poi riporta la tua attenzione al respiro.

6.Continua per un periodo di tempo prestabilito, che potrebbe essere anche solo cinque minuti quando inizi. Con la pratica, potresti trovare utile meditare per periodi più lunghi.

Questo esercizio può sembrare semplice, e in effetti lo è, ma i suoi effetti possono essere profondi. Con la pratica regolare, si inizia a sviluppare una maggiore consapevolezza del momento presente e si può sperimentare una maggiore pace e una maggiore chiarezza mentale. Oltre alla mindfulness, ci sono altre tecniche per affrontare lo stress praticando l'autocura. Dalla respirazione profonda, alle tecniche di rilassamento progressivo, al riorientamento cognitivo: la chiave sta nell'individuare ciò che funziona per ognuno di noi e nel praticarlo con costanza.

Una chiave complementare è rappresentata dalla resilienza psicologica. Questa può essere paragonata al tessuto connettivo di una struttura, che permette di piegarsi senza rompersi, e che dopo essere stato sottoposto a stress, torna alla sua forma originaria. La resilienza, nel contesto psicologico, è la capacità di affrontare situazioni avverse e traumatiche, adattandosi e riemergendo da esse forse trasformati, ma sicuramente integri: *"Quello che non mi uccide, mi fortifica"* (cit.F.Nietzsche).

Similmente a come l'approccio consapevole ci aiuta a processare e comprendere le informazioni senza essere travolti, la resilienza ci permette di sperimentare la vita e i suoi intoppi senza crollare sotto il peso delle avversità. Ma cosa rende una persona resiliente? Sebbene ci sia una componente genetica, gran parte della resilienza è modellata dalle esperienze personali. La buona notizia è che, come un muscolo, la resilienza può essere allenata e rafforzata nel corso della vita. Questo diventa cruciale, specialmente in tempi caratterizzati da incertezza e complessità. Pensiamo alla resilienza come all'equivalente psicologico dell'attività fisica equilibrata. Proprio come l'esercizio fisico ci fortifica contro le malattie e ci fa sentire vitali e energici, la resilienza psicologica ci attrezza per affrontare le sfide della vita. Non significa diventare emozionalmente invulnerabili, ma piuttosto acquisire flessibilità, proattività e la capacità di gestire meglio le difficoltà. Così come il corpo ha bisogno di esercizio, nutrimento e riposo per mantenere un buono stato di salute, anche la mente necessita di cura e allenamento. Nel campo della resilienza, ogni individuo ha il proprio modo di manifestare questa abilità, plasmato da diversi fattori che determinano come reagire alle avversità. Uno degli aspetti chiave è l'ottimismo: non significa ignorare i problemi, ma vedere le difficoltà come momentanei ostacoli, superabili con impegno e determinazione. Coloro che affrontano le sfide con una mentalità proattiva, cercando soluzioni e strategie, tendono ad avere un vantaggio. A complemento di ciò, la capacità di comunicare efficacemente gioca un ruolo centrale, permettendo di esprimere sentimenti e pensieri, e di cercare supporto quando necessario. L'umorismo, spesso sottovalutato, è un potente alleato. Non serve a deridere o minimizzare le difficoltà, ma a mantenere una prospettiva equilibrata, offrendo un momento di pausa e riflessione. Parallelamente, le strategie di coping, ovvero i meccanismi mentali attivati di fronte allo stress, servono come una bussola interna che guida attraverso le tempeste della vita. Infine, l'empatia rappresenta la connessione con gli altri, un ponte che unisce le esperienze e fornisce una rete di sostegno reciproco. Attraverso l'empatia, si impara e si cresce, ed è una componente essenziale per sviluppare una robusta resilienza psicologica. Quando parliamo di resilienza e ottimismo, non dobbiamo pensare solo a teorie astratte o concetti sfuggenti. Le storie di individui e comunità che si confrontano con situazioni di continua instabilità ci mostrano come queste doti si manifestino nel mondo reale, in modi tangibili e significativi. Nel contesto della resilienza, la storia di Nelson Mandela (1918-2013) è emblematica. Qui abbiamo un uomo che ha passato 27 anni in prigione, sottoposto a trattamenti inumani e segregato dal resto del mondo. La sua lotta contro l'apartheid e la sua incrollabile determinazione a vedere una Sud Africa unita e libera rappresentano il culmine della resilienza umana. Molti avrebbero ceduto sotto il peso delle avversità, ma Mandela ha trasformato ogni giorno di detenzione in un passo verso la libertà, non solo la sua, ma quella di un'intera nazione. Ciò che lo ha sostenuto non è stato solo un inarrestabile desiderio di giustizia, ma anche una serie di abitudini e rituali che hanno nutrito la sua resilienza interiore. Praticava l'esercizio fisico quotidianamente, leggeva assiduamente e nutriva profonde conversazioni con i compagni di prigione. Ma, forse, il suo atto più resiliente è stato la sua capacità di perdonare coloro che lo avevano ingiustamente imprigionato. Questo atto non solo ha dimostrato una profonda forza d'animo, ma ha anche pavimentato la strada per una transizione pacifica del potere in Sud Africa, evitando spargimenti di sangue e vendette. La storia di Mandela ci insegna che la resilienza non si manifesta solo nella capacità di resistere all'avversità, ma anche nella capacità di trasformare questa avversità in un'opportunità di crescita e cambiamento.

Malala Yousafzai (1997), una giovane pakistana nata nella valle di Swat, è divenuta simbolo mondiale della lotta per l'istruzione delle ragazze. La sua storia è una testimonianza vivente di come l'audacia e la fermezza possono emergere anche dalle circostanze più avverse. All'età di soli 11 anni, Malala iniziò a scrivere un blog per la BBC, denunciando le restrizioni imposte dai Talebani all'istruzione delle ragazze nella sua regione. A causa del suo attivismo, nel 2012, un miliziano talebano le sparò, colpendola alla testa. Tuttavia, non solo sopravvisse all'attentato, ma trasformò la sua esperienza in un catalizzatore per una lotta globale a favore dell'istruzione femminile. Dopo l'attentato, Malala non si è nascosta, né ha mitigato il suo messaggio. Ha amplificato la sua voce, portando la sua causa a livello globale. La sua resilienza è stata tale che, anziché esserne indebolita, la sua missione ha ottenuto una forza senza precedenti. Nel 2014, a soli 17 anni, è stata la persona più giovane a ricevere il Premio Nobel per la Pace, riconoscimento del suo impegno incrollabile per i diritti delle ragazze all'istruzione.

La storia di Malala è un promemoria che la resilienza non è solo una reazione passiva agli eventi, ma una proattiva forza motrice per il cambiamento. Nonostante la sua giovane età, la sua capacità di rimanere centrata sulla sua missione, di trasformare la tragedia personale in un messaggio universale e di ispirare milioni di persone in tutto il mondo, è un testamento vivente della potenza della resilienza psicologica.

Nel contesto di una permacrisi, la resilienza diventa una necessità non solo a livello individuale, ma anche collettivo. Se è vero che singoli individui come Mandela e Malala possono ispirare e portare avanti il cambiamento, è anche vero che essi non operano nel vuoto. Fanno parte di comunità che subiscono le stesse pressioni, le stesse sfide, e che possono diventare luoghi di rifugio e orientamento per ogni singolo membro. Nel prossimo capitolo, esploreremo il potere delle comunità resilienti, che fungono da reti di supporto e fonti di ispirazione, amplificando la forza e la resilienza degli individui che le compongono

PERMACRISI

CAPITOLO 7

IL POTERE DELLE COMUNITA'

Quando parliamo di "comunità", potremmo immediatamente immaginare un gruppo di persone legate dalla prossimità geografica—i vicini di casa, per esempio. Tuttavia, il concetto di comunità è ben più complesso e articolato, come suggeriscono diverse teorie sociologiche. La visione tradizionale della comunità, riflessa nei lavori di Tönnies, sociologo tedesco (1855-1936), sottolinea l'importanza delle dinamiche relazionali e dello spazio fisico condiviso. Nella sua tipologia, la *Gemeinschaft*, o comunità, rappresenta un modello sociale centrato su un forte senso di appartenenza, empatia e fratellanza, tipico delle società arcaiche. Contrastando questa visione, Durkheim, sociologo francese (1858-

1917) sostiene che il passaggio verso società più moderne e complesse—caratterizzate da quella che chiama "solidarietà organica"—è una forma di progresso, un affrancamento dalle limitazioni di una solidarietà basata semplicemente sulla similitudine degli individui. Georg Simmel, sociologo tedesco (1858-1918), aggiunge un ulteriore strato di complessità, sottolineando come la modernità, con la sua crescente specializzazione e suddivisione sociale, abbia ampliato le possibilità di relazioni interpersonali e quindi arricchito la vita comunitaria. Nel corso del tempo, il concetto di comunità ha subito ulteriori evoluzioni. Oggi, è possibile far parte di comunità costruite non solo attorno a una posizione geografica, ma anche a una identità condivisa, a interessi comuni o persino a obiettivi e ideali. Questa ampia definizione include anche le "comunità virtuali", dove la prossimità fisica è sostituita da connessioni digitali, ma dove rimane forte la sensazione di appartenenza e condivisione di norme e valori. In questo capitolo, esploreremo come questi diversi tipi di comunità diventano fondamentali in tempi di permacrisi. Vedremo come possono servire da ancore di resilienza, permettendo agli individui di affrontare collettivamente sfide complesse, grazie a una rete di supporto e di risorse condivise. Con la crescente incertezza e complessità del nostro mondo, la comunità—sia essa locale, globale o virtuale—emerge non solo come un concetto cruciale per la coesione sociale, ma anche come un mezzo essenziale per la sopravvivenza e il benessere individuale e collettivo.

Comunità locali

La scena sembra familiare: la rotonda di una piazza cittadina, con il suo bar storico dove il caffè ha il sapore della tradizione. Ci sono quei bambini, spensierati, che rincorrono una palla tra i vicoli, mentre i loro nonni, seduti su una panchina, osservano la vita che scorre, raccontandosi episodi del passato e battute del presente. Questa è la comunità locale. Lì, tra i muri antichi di una città e i sorrisi dei suoi abitanti, c'è una storia profonda che vive e respira.

Ma che cos'è realmente una comunità? È quel bar dove il barista conosce il tuo ordine prima ancora che tu lo pronunci. È quella bancarella del mercato dove ogni settimana compri le tue verdure, e la commessa sa che odii i peperoni. È il negozio di scarpe sotto casa, dove hanno visto crescere i tuoi piedi da quando eri bambino. È il vicino di casa che, anche se a volte ti fa impazzire con la sua mania di pulizia, ti aiuta quando ti sei dimenticato le chiavi.

Questo tipo di interazione, apparentemente semplice e quotidiana, è la spina dorsale delle comunità locali. Ma la sua essenza non sta soltanto nelle relazioni umane, ma nella capacità di creare un tessuto connettivo fatto di empatia, condivisione e comprensione. Si tratta di un equilibrio delicato che, sebbene spesso dato per scontato, è fondamentale per garantire il benessere di una società. Ma la dimensione locale non è l'unico aspetto. Viviamo in un mondo sempre più globalizzato, dove le distanze sembrano accorciarsi e i confini si sfumano. E se da una parte ciò porta a nuove opportunità, dall'altra ci pone davanti a sfide inedite.

Comunità globali

E proprio mentre ci addentriamo in questo scenario globale ci rendiamo conto che il nostro senso di appartenenza si è evoluto. Non è più ristretto ai confini di una città o di una regione, ma abbraccia un intero pianeta. La nostra coscienza globale si è svegliata e ci ha resi cittadini del mondo. Ma cosa significa davvero? Se una volta la nostra comunità era rappresentata da chi incontravamo quotidianamente, oggi è fatta anche di persone che vivono a migliaia di chilometri di distanza. La nostra solidarietà non ha più confini geografici: pensate alla passione con cui discutiamo dei cambiamenti climatici, all'indignazione che proviamo di fronte alle ingiustizie che avvengono dall'altra parte del mondo, o all'entusiasmo con cui supportiamo cause globali, dall'accesso all'istruzione per tutti alla tutela dei diritti umani.Tuttavia, questa percezione globale porta con sé anche delle responsabilità. Ogni azione, ogni decisione, ogni passo che facciamo ha ripercussioni a livello mondiale. L'impronta che lasciamo non riguarda solo la nostra comunità locale, ma l'intero pianeta. E così come le azioni positive possono avere un impatto benefico, quelle negative possono avere conseguenze devastanti.

Eppure, la comunità globale non è solo un insieme di individui connessi da interessi comuni. È anche un luogo di tensioni, di disuguaglianze, di contrasti. Non dobbiamo dimenticare che, purtroppo, la solidarietà globale non è una prerogativa di tutti. Mentre alcune nazioni collaborano, altre si isolano. Mentre alcune persone lavorano insieme per un bene comune, altre si scontrano per divergenze ideologiche. Ecco perché è fondamentale rafforzare il nostro senso di appartenenza a questa comunità globale, cercando di superare le differenze e lavorare insieme per un futuro sostenibile. Ma come possiamo fare questo? Come possiamo unire le nostre forze per affrontare le sfide del futuro? La risposta potrebbe risiedere, in parte, nella terza dimensione della nostra comunità: quella virtuale.

Comunità virtuali

Internet, con le sue infinite autostrade di informazioni, ha cambiato il nostro modo di vedere e vivere il mondo. La comunità virtuale è una dimensione che molti di noi frequentano quotidianamente, eppure, per quanto familiare possa sembrare, è ancora un territorio in gran parte inesplorato. Mentre digitiamo, postiamo, condividiamo, entriamo in contatto con persone da tutto il globo, creando connessioni che vanno ben oltre una semplice amicizia virtuale.

Ma cosa caratterizza realmente questa comunità? Sono le pagine di fan dei nostri artisti preferiti, i forum dove condividiamo passioni o le piattaforme dove apprendiamo nuove abilità. Tuttavia, è anche un luogo di scambio culturale senza precedenti, dove le idee si scontrano, si fondono e si evolvono.

Immaginate per un momento un artista italiano che collabora con uno giapponese per creare un'opera unica, o un gruppo di appassionati di cucina da tutto il mondo che condividono ricette e consigli. La comunità virtuale è un melting pot culturale, un luogo dove le diversità diventano forza. È la piattaforma dove nascono movimenti, dove le persone si organizzano per sostenere cause, dove la solidarietà trova nuove strade e modi di esprimersi. Ma come ogni medaglia ha il suo rovescio, anche la comunità virtuale ha i suoi lati oscuri. Le echo chamber, quelle bolle in cui le opinioni vengono amplificate e riecheggiate, possono distorcere la realtà e polarizzare le discussioni. La disinformazione si diffonde rapidamente, e quello che una volta era un luogo di condivisione può diventare un campo minato di fake news. Tuttavia, nonostante le sfide, la comunità virtuale rimane una risorsa incredibile. Offre opportunità di crescita, di apprendimento, di connessione.

Come possiamo sfruttare al meglio questo potenziale?

Comunità resiliente

Con questo termine, che potrebbe sembrare astratto, si identifica il cuore pulsante delle società che desiderano non solo sopravvivere, ma prosperare di fronte all'avversità. Non è semplicemente un gruppo di individui che resistono alla tempesta, ma piuttosto una collettività che sa come adattarsi, imparare e crescere da essa. È una comunità che guarda avanti, che si prepara per il futuro, che non si lascia abbattere dalle difficoltà, ma le utilizza come trampolino di lancio per costruire un domani migliore. Prendiamo un piccolo paesino di montagna, per esempio. Se un'inondazione minacciasse le sue fondamenta, una comunità resiliente non si limiterebbe a riparare i danni. Rifletterebbe su come poter prevenire simili catastrofi in futuro, potrebbe costruire barriere naturali, formare i cittadini sulle migliori pratiche di sicurezza e collaborare con comunità vicine per condividere risorse e conoscenze. Ecco la chiave: la resilienza non è un'azione isolata, ma un processo continuo di apprendimento e adattamento. E in questo viaggio, la collaborazione, l'unità e la solidarietà giocano un ruolo fondamentale. In un'era di permacrisi, dove le sfide globali come il cambiamento climatico, le crisi economiche e le tensioni politiche si intrecciano in una complessa tela di eventi, le comunità resilienti sono quelle che vedono oltre la crisi stessa, cercando soluzioni sostenibili e innovative. Ma non basta solo guardare al futuro; una comunità resiliente riconosce anche l'importanza delle sue radici, della sua storia, delle sue tradizioni. Sono questi gli elementi che, in momenti di crisi, offrono conforto, forza e una bussola per navigare nel caos. Mentre riflettiamo su questo, diventa essenziale comprendere il ruolo delle comunità locali nella creazione di reti resilienti e nella risposta alle sfide che caratterizzano la nostra epoca.

La comunità locale è una gemma preziosa, spesso sottovalutata nel suo potere di affrontare la permacrisi. Non stiamo parlando solo di un gruppo di persone che vivono nella stessa area geografica; parliamo di un tessuto di relazioni, storie condivise, tradizioni e valori. In un mondo globalizzato, potrebbe sembrare che la soluzione a molte delle nostre sfide venga da "fuori", da organizzazioni internazionali o da decisioni prese in lontane capitali. Ma, paradossalmente, proprio in tempi di crisi, il locale torna a essere centrale. Quando la tempesta si scatena, sono i vicini di casa, gli amici, le piccole imprese locali che diventano la prima linea di difesa. Guardiamo ai disastri naturali, per esempio. Quando la terra trema, quando le acque si alzano, quando i venti devastano, le comunità locali sono le prime a rispondere. Il primo aiuto arriva dai vicini, da chi si conosce, da chi sa cosa significa perdere tutto ma anche da chi sa quanto sia importante ricostruire. Ricordiamo l'episodio di Fukushima nel 2011. Mentre il mondo era a bocca aperta di fronte alle immagini di distruzione, le comunità locali del Giappone dimostravano una forza straordinaria. Non si trattava solo di ricostruire edifici; si trattava di ricostruire legami, fiducia, speranza. Il trauma condiviso, anziché dividere, ha unito. Vicini precedentemente sconosciuti si sono ritrovati a lavorare fianco a fianco, condividendo risorse, cibo, alloggio. Ma non è solo la capacità di reagire alle calamità immediate che definisce la resilienza delle comunità locali. È anche la loro capacità di anticipare, di prepararsi, di imparare dai propri errori e di adattarsi. L'abilità di creare un tessuto sociale solido, fatto di reti di sostegno, di fiducia reciproca, di collaborazione. La forza delle comunità locali sta nella loro intima conoscenza del territorio, delle sue risorse e delle sue fragilità. Viviamo in un'epoca in cui le barriere geografiche sembrano svanire, in cui un evento in un angolo del mondo può avere ripercussioni in un altro. La globalizzazione ha creato una rete interconnessa di società, economie e culture. Ma con questa interconnessione vengono anche enormi responsabilità. La risposta globale a crisi di portata mondiale, come la lotta al cambiamento climatico, le pandemie o le crisi dei rifugiati, può essere tanto potente quanto complessa. Un'unione di nazioni, organizzazioni internazionali, aziende e individui può scatenare un impatto trasformativo. Ma per raggiungere questo, è essenziale una collaborazione genuina, un riconoscimento delle disuguaglianze globali e un impegno concreto per superarle. La pandemia da COVID-19 ha offerto una lezione chiara in questo senso. Quando il virus ha iniziato a diffondersi, i confini nazionali sono diventati irrilevanti. Il virus non ha discriminato in base alla nazionalità, alla classe sociale o alla religione. E la risposta? Una collaborazione senza precedenti. Ricercatori di tutto il mondo hanno unito le forze per decifrare il virus, sviluppare vaccini e condividere informazioni vitali. L'intera umanità ha avuto un obiettivo comune: fermare la diffusione e salvare vite. Tuttavia, non possiamo ignorare le disuguaglianze che hanno emergere. Mentre alcuni paesi erano in grado di garantire vaccini e cure mediche ai propri cittadini, altri lottavano. La solidarietà globale ha avuto momenti di frattura, con nazioni che hanno accaparrato risorse o con decisioni politiche che hanno ostacolato una risposta collettiva.

Eppure, nonostante le sfide, abbiamo visto lampi di speranza. Abbiamo visto nazioni che hanno offerto supporto a quelle meno fortunate, abbiamo visto iniziative private e pubbliche convergere verso un obiettivo comune, e, più di tutto, abbiamo visto la capacità della comunità globale di unirsi di fronte alla calamità. Il mondo digitale non è solo un ammasso di pixel e codice, ma un universo pulsante di emozioni, di storie, di relazioni. E in tempi di permacrisi, questo mondo virtuale può diventare una risorsa inestimabile. Le piattaforme social sono diventate molto più che semplici strumenti di condivisione di foto o stati d'animo. Sono diventate arene di informazione, punti di incontro, luoghi di solidarietà. Durante le crisi, come gli incendi in Australia del 2019-2020, la velocità con cui le informazioni venivano condivise, gli aiuti organizzati e le risorse raccolte era impressionante. Grazie alla potenza delle comunità virtuali, era possibile mobilitare aiuti da tutto il mondo in poche ore, trovare alloggio per chi aveva perso la propria casa o persino localizzare persone scomparse. Ma c'è un aspetto ancora più profondo in tutto ciò. Le "comunità di nicchia" online sono diventate luoghi di rifugio per molti. Se sei una persona che vive una rara condizione medica, ad esempio, puoi trovare sostegno e comprensione in una comunità online che condivide la tua esperienza. Se sei appassionato di un argomento specifico, puoi connetterti con persone di tutto il mondo che condividono quella passione. Tuttavia, come ogni medaglia, anche il mondo virtuale ha il suo rovescio. La stessa rapidità con cui si diffondono le informazioni può alimentare la disinformazione. Le "echo chamber", o camere di risonanza, dove gli individui sono esposti solo a informazioni che rafforzano le loro credenze preesistenti, possono polarizzare e dividere. La sfida, quindi, è sfruttare il potere positivo delle comunità virtuali pur essendo consapevoli dei loro limiti e rischi. Se da un lato la tecnologia può sembrare fredda e distante, dall'altro ha il potere di avvicinarci come mai prima d'ora. Ma, mentre abbracciamo questo mondo digitale, dobbiamo ricordare di nutrire anche le nostre radici, quelle radici che ci ancorano al mondo reale, alla comunità locale, alla tangibilità delle relazioni umane. E mentre riflettiamo su questo equilibrio delicato si rende evidente come queste diverse sfaccettature di comunità - locale, globale e virtuale - non siano entità isolate, ma piuttosto parti interconnesse di un tessuto sociale più ampio. In tempi di permacrisi, ogni tipo di comunità ha un ruolo unico da svolgere, e insieme, formano un mosaico di sostegno, resilienza e innovazione. Le comunità locali, con la loro vicinanza fisica e connessioni personali, offrono un conforto immediato. C'è una forza innegabile nell'essere in grado di guardare negli occhi il tuo vicino, di offrire una mano amica, di sentire la solidarietà tangibile delle persone intorno a te. Questo tipo di sostegno è fondamentale, specialmente quando la crisi colpisce a casa.

D'altra parte, la comunità globale, con le sue risorse e reti estese, ha la capacità di affrontare sfide che vanno oltre i confini geografici. La solidarietà globale può portare a soluzioni innovative, promuovere l'equità e assicurare che nessuno venga lasciato indietro. E infine, la comunità virtuale, con la sua accessibilità e vastità, può fornire un focolaio di innovazione, informazione e sostegno. Questa comunità può colmare le distanze, unire le persone attraverso barriere geografiche e culturali e servire come piattaforma per l'azione collettiva. Guardando al futuro, è essenziale riconoscere come queste comunità potrebbero evolversi. Le sfide di domani potrebbero essere diverse da quelle di oggi, ma una cosa è certa: avremo bisogno di tutte e tre le comunità per affrontarle. Dobbiamo nutrire ogni tipo di comunità, valorizzando le loro forze uniche e comprendendo le loro debolezze. Il mondo potrebbe sembrare un luogo incerto, ma in mezzo a questa incertezza, c'è una certezza rassicurante: l'umanità ha la capacità di unirsi, di adattarsi e di prosperare. Ogni tipo di comunità ha un ruolo da svolgere in questo viaggio, e insieme, possiamo navigare attraverso la permacrisi, armati di speranza, determinazione e solidarietà. E mentre ci avventuriamo in questo futuro incerto è fondamentale guardare oltre il presente, immaginando come le nostre azioni oggi plasmeranno il mondo di domani.

Quando riflettiamo sulle comunità, dobbiamo chiederci: come queste reti di sostegno si trasformeranno in risposta alle future sfide?

Prendiamo in considerazione l'evoluzione della comunità virtuale. Negli ultimi decenni, abbiamo assistito a una rivoluzione digitale. Abbiamo visto nascere piattaforme che uniscono persone da tutto il mondo, comunità di nicchia dove gli individui condividono passioni e preoccupazioni e luoghi virtuali che offrono sostegno e comprensione. Ma ciò che è ancor più significativo è come queste piattaforme sono diventate cruciale durante le crisi. Le future permacrisi potrebbero avere un volto diverso da quelle che conosciamo oggi. Forse ci troveremo di fronte a sfide tecnologiche, con minacce alla cyber-sicurezza che potrebbero destabilizzare intere società. Oppure potremmo affrontare crisi socio-economiche, dove le disuguaglianze digitali potrebbero ampliare il divario tra chi ha accesso alle risorse e chi no. In questi scenari, la comunità virtuale non sarà solo una piattaforma per condividere meme o postare foto di viaggi. Potrebbe diventare un baluardo contro la disinformazione, un luogo per formare alleanze digitali, un rifugio per chi cerca conoscenza e comprensione in un mondo in rapido mutamento. Se da un lato il digitale ha il potenziale per connetterci, dall'altro, se usato impropriamente, può anche dividerci. La chiave risiederà nella nostra capacità di navigare in questo mare digitale con saggezza, discernimento e un autentico desiderio di comprensione reciproca. L'innovazione, sia essa tecnologica o sociale, sarà centrale in questo viaggio. Se sfruttata correttamente, la comunità virtuale può effettivamente agire come un faro in mezzo alla tempesta, illuminando il cammino verso un futuro più giusto e connesso. Ma come in ogni percorso ci ritroviamo a un incrocio.

Le tre comunità che abbiamo esplorato - locale, globale e virtuale - sono intrecciate in modi complessi e profondi. Sono come i fili di un tessuto, ognuno con il suo colore e texture, ma insieme formano un'immagine coerente e vibrante. Le comunità locali rappresentano le radici da cui proveniamo, il luogo dove inizia la nostra storia. Qui, la storia, la cultura e le tradizioni sono vissute e celebrate. Ma, come abbiamo visto, non sono solo luoghi di conforto: sono baluardi di resilienza in tempi di crisi. Ci sono insegnato l'importanza della vicinanza, della solidarietà e del sostegno reciproco. La comunità globale ci ricorda la nostra interconnessione. In un mondo sempre più globalizzato, le azioni di una nazione possono avere ripercussioni in tutto il mondo. Le sfide globali come il cambiamento climatico o le pandemie non conoscono confini. Questa comunità ci ha mostrato che, di fronte a tali sfide, dobbiamo unire le forze, collaborare e agire insieme. Infine, la comunità virtuale ci proietta nel futuro. Questo spazio, non vincolato dalla geografia o dalla fisicità, può essere sia un faro di innovazione che un terreno fertile per l'ambiguità. Le opportunità offerte dal digitale sono infinite, ma come ogni strumento, dipende da come lo usiamo.

Guardando avanti, possiamo chiederci: come evolveranno queste comunità di fronte alle future permacrisi? Come potremo rafforzare i legami all'interno di ogni comunità e tra di loro?

Forse la risposta risiede nella combinazione delle forze di ognuna di esse. La resilienza delle comunità locali, l'ampiezza di visione della comunità globale e l'innovazione della comunità virtuale potrebbero convergere per formare una rete di sostegno ancora più solida.

L'invito, quindi, è quello di non vedere queste comunità come entità separate, ma come parti di un tutto. Un tutto in cui ogni individuo ha un ruolo, una voce, e la capacità di fare la differenza. E in questo intricato intreccio di relazioni, troveremo la forza per navigare le sfide del futuro, insieme. E mentre guardiamo avanti alla luce di quanto esplorato, ci imbattiamo in un'ulteriore riflessione.

Se guardiamo alla storia, ogni epoca ha avuto le sue sfide e ogni comunità ha avuto i suoi eroi. Questi eroi non sono stati sempre guerrieri o leader potenti, ma spesso individui comuni che hanno compreso l'importanza di unirsi per il bene comune. Oggi, più che mai, abbiamo bisogno di questo tipo di eroismo: una dedizione alla causa comune, sostenuta dalla comprensione e dalla collaborazione.

Le tre comunità che abbiamo analizzato ci forniscono le chiavi per affrontare le sfide future. Ogni comunità ha i suoi punti di forza e le sue debolezze, ma insieme formano un mosaico di risorse e capacità.

Immaginiamo un futuro in cui le comunità locali sono ancora più radicate nella loro cultura e tradizioni, ma al tempo stesso aperte al mondo, pronte ad apprendere e ad adattarsi. Un futuro in cui la comunità globale non è solo guidata da potenze economiche o politiche, ma anche da valori condivisi e da una visione comune per il bene dell'umanità. E un futuro in cui la comunità virtuale, pur mantenendo il suo spirito innovativo, diventa più riflessiva e consapevole delle sue responsabilità.

Questo futuro non è solo una visione utopica. È una possibilità concreta, ma richiede impegno, visione e azione da parte di tutti noi. Dobbiamo riconoscere e valorizzare le risorse uniche di ogni comunità e lavorare insieme per costruire ponti tra di loro.

Infine, dobbiamo ricordare che, al centro di tutte queste comunità, ci sono individui - persone con speranze, sogni, paure e desideri. È per loro, e con loro, che dobbiamo lavorare per costruire un futuro resiliente, sostenibile e giusto.

E come un fiume che scorre inesorabilmente verso il mare, le nostre azioni di oggi determineranno il corso del domani. Quindi, mentre riflettiamo sulle lezioni apprese e guardiamo avanti, poniamoci una domanda essenziale: che tipo di futuro vogliamo costruire e come possiamo farlo, insieme?

Quando pensiamo al domani, è inevitabile chiederci come le sfide che abbiamo affrontato influenzeranno le generazioni future. Abbiamo visto le potenzialità e le difficoltà delle tre comunità. Ma come interagiranno tra loro nel futuro, specie in una realtà sempre più complessa e in perenne cambiamento?

Nelle comunità locali, troveremo sempre il bisogno di appartenenza, un desiderio profondo di riconoscimento e di legami tangibili. La loro forza risiede nella capacità di dare un volto umano alle crisi, di concretizzare in azioni tangibili la solidarietà. Ma la globalizzazione, per quanto possa sembrare un'entità astratta, tocca la vita quotidiana di queste comunità. Può portare prosperità o disuguaglianza, opportunità o sfide. L'essenza sta nel come reagiscono, nel come si adattano e crescono.

D'altra parte, la comunità globale diventerà sempre più una rete di interdipendenze. La sua forza non risiede solo nelle risorse economiche o nelle alleanze politiche, ma in una crescente consapevolezza collettiva. Una consapevolezza che le sfide globali richiedono soluzioni globali, che le disuguaglianze oggi potrebbero portare a crisi domani, e che il benessere di un individuo, di una nazione, è indissolubilmente legato a quello di tutti gli altri. E infine, le comunità virtuali. Il loro spazio, fatto di pixel e dati, continuerà a evolversi. Gli algoritmi potrebbero diventare sempre più sofisticati, ma ciò che conta veramente è l'umanità che sta dietro a ogni click, a ogni post. La loro sfida sarà mantenere l'equilibrio tra innovazione e etica, tra connessione e autenticità. L'interazione tra queste comunità non sarà lineare o prevedibile. Avrà alti e bassi, conflitti e sinergie. Ma una cosa è certa: il futuro sarà plasmato dalla nostra capacità di collaborare, di condividere conoscenze e risorse, di ascoltare e imparare gli uni dagli altri.

CAPITOLO 8

OLTRE LA PERMACRISI

In questi capitoli, abbiamo esplorato come l'umanità si stia confrontando con una serie di sfide che si sovrappongono e si rafforzano a vicenda, creando un insieme di questioni complesse e interdipendenti. La permacrisi, con tutto il suo peso, ci offre anche la possibilità di riflette sulla domanda: come può iniziare il vero cambiamento? Da dove trae origine il rinnovamento? Il cambiamento inizia quando ci riconnettiamo con le nostre radici, quando rompiamo le barriere dell'alienazione che ci separano dai nostri sé, dalla natura e dagli altri. Questo riorientamento interiore non è passivo, ma attivo e dinamico. Non è un nascondersi nel proprio io, ma un espandersi verso l'altro, un abbracciare il tutto. È un processo di guarigione reciproca, in cui l'individuo e il mondo si rigenerano insieme, costruendo un nuovo modo di essere e di vivere. Joanna Macy e Chris Johnstone in "Active Hope" (2012) parlano di speranza attiva. Questa è propositiva e dinamica, radicata profondamente nell'azione. Sperare in un mondo migliore non è semplicemente un atto di ottimismo, ma piuttosto un impegno profondo verso il futuro. Gli scrittori intessono la trama di un nuovo tipo di resilienza, dove la speranza non si nutre di promesse vaghe, ma di azioni concrete. Non si tratta di attendere un miracolo, ma di crearlo con le proprie mani. Ogni passo intrapreso, ogni decisione consapevole, contribuisce a plasmare la realtà futura. È un riconoscimento del potere intrinseco di ogni individuo di influenzare il corso degli eventi. In un periodo di permacrisi significa guardare in faccia il nostro tempo, con tutte le sue ombre e le sue minacce, e scegliere comunque di agire. La speranza attiva è un'immagine di ribellione, non contro un nemico esterno, ma contro l'apatia e la confusione. La giovane attivista svedese Greta Thunberg, attraverso il suo "Fridays for Future", rappresenta un esempio importante di questo approccio. Invece di attendere che i leader mondiali agissero per il cambiamento climatico, ha iniziato uno sciopero scolastico, ispirando milioni di giovani in tutto il mondo a unirsi a lei nelle proteste. A Detroit, una città colpita da crisi economiche e declino urbano nel 2008, i cittadini si sono uniti per trasformare terreni abbandonati in orti urbani. Questa iniziativa, "Detroit Urban Farming Initiative" nata dalla speranza di un futuro migliore per la loro comunità, ha portato non solo a spazi verdi rigogliosi, ma ha anche rinforzato i legami comunitari e fornito cibo fresco in aree prive di supermercati. Comprendere come funzionano i sistemi diventa la leva per iniziare ad influenzarli. Analogamente ad una bilancia, dove un peso posizionato strategicamente può alterare l'equilibrio, nei sistemi complessi, un cambiamento mirato in un punto di leva può amplificarsi, influenzando l'intera struttura. Un sistema, nella sua essenza, non è solo un insieme di parti, ma anche la rete di interazioni tra le parti stesse e ogni cambiamento può avere ripercussioni in tutto il sistema. Consideriamo, ad esempio, l'ecosistema di una foresta. Non è solo un insieme di alberi, piante e animali, ma un apparato interconnesso in cui ogni elemento svolge un ruolo nella stabilità complessiva. Se una specie viene introdotta o eliminata, l'insieme può subire squilibri, talvolta con effetti a cascata. Anche le società umane sono reti complesse di interazioni, con economie, culture e politiche che si influenzano a vicenda in modi spesso impercettibili. E come con qualsiasi sistema, comprendere le dinamiche offre un'elevata opportunità di intervento per produrre l'effetto desiderato. Costanti, parametri, numeri: spesso sono le prime variabili a cui pensiamo quando consideriamo come intervenire. Più in profondità, troviamo i cicli di feedback, quei meccanismi di rinforzo o equilibrio che regolano il sistema, come un termostato che mantiene costante la temperatura di una stanza. E poi c'è la struttura del flusso di informazioni. Chi le detiene può definire il destino di intere società. Regolamentare, rivelare, nascondere: sono tutte azioni che influenzano la nostra struttura. E ancora più profondamente, nei modelli mentali, quei prisma attraverso i quali vediamo il mondo, le nostre credenze, i nostri valori. Se si riflette sul fenomeno di Greta Thunberg, ci si trova di fronte a un singolare esempio di come i punti di leva possano trasformare un sistema. Una ragazza con un cartello seduta fuori dal parlamento svedese. L'informazione, quel delicato filo conduttore che tessendo trame sottili può cambiare la percezione delle masse, è stata manipolata dalla giovane attivista in maniera magistrale. Non ha gridato, non ha scosso bandiere o rotto vetrine. Ha semplicemente portato alla luce una verità scomoda, spingendo l'umanità a guardare in faccia le proprie omissioni, a confrontarsi con l'emergenza incessante della crisi climatica. E in questo dibattito di consapevolezza, ciò che ha seguito è stato un effetto domino, un ciclo di feedback che ha moltiplicato la sua voce. Ogni giovane ispirato, ogni sciopero per il clima, ha intensificato l'urgenza del messaggio, formando un coro crescente che non poteva più essere ignorato. Ma la forza della Thunberg non risiede solo nella sua capacità di diffondere informazioni ma anche nel modo in cui sfida le convenzioni, le certezze. Ha svelato la fallacia dei nostri modelli mentali, mostrandoci che la crisi non è un lontano orizzonte, come i media volevano mostrarci, ma una chiamata alla nostra porta. Ha ricordato all'umanità che, a volte, la visione dei giovani può essere più chiara di quella offuscata dalle complessità degli adulti. E infine ha sottolineato la necessità di rivalutare ciò che conta veramente. Non le borse di scambio, non le guerre di parole politiche, ma la sopravvivenza stessa della nostra casa. La scienza, le prove, la realtà - questi sono diventati i baluardi del suo messaggio.

Spesso ci si sente sopraffatti dalla vastità delle sfide globali, pensando che le nostre azioni non abbiano un impatto significativo. La solitudine della lotta, la percezione di essere un granello di sabbia in un deserto infinito, può sopraffare, svuotare di significato ogni piccolo sforzo. Ma è proprio il contrario. "Non dubitare mai che un piccolo gruppo di cittadini coscienziosi ed impegnati possa cambiare il mondo. In verità è l'unica cosa che è sempre accaduta" si pensa dicesse l'antropologa Margaret Mead. Questo pensiero invita a riconoscere che l'azione collettiva inizia spesso da quella individuale e che non dobbiamo attendere una soluzione di massa o un intervento di un'entità superiore. Prendiamo, ad esempio, la riduzione del consumo di plastica monouso. Se ogni individuo decidesse di evitare l'utilizzo di una cannuccia di plastica al giorno, miliardi di cannucce non finirebbero nei nostri oceani ogni anno. Oppure, la nascita del movimento Chipko negli anni'70. Stiamo parlando di un villaggio contadino alle pendici dell'Himalaya dove gli alberi non erano semplici risorse, ma il cuore dell'esistenza di un popolo, cruciali per la loro sopravvivenza. Le pendici della montagna, una volta lussureggianti e verdi, erano diventate teatro di una deforestazione implacabile. Queste terre, che avevano nutrito intere generazioni, erano in pericolo a causa di politiche che vedevano gli alberi solo come beni da sfruttare. Le donne, che trascorrevano le loro giornate cercando legna, cibo e acqua, erano le vittime dirette di queste decisioni a breve vista. Mosse dall'urgenza di salvare la loro casa e il loro futuro, raccolte intorno ad un fuoco, decidono di agire. Un gesto semplice, ma potente: abbracciare gli alberi per proteggerli. Un abbraccio che non era solo fisico, ma anche spirituale, simbolo della connessione indissolubile tra l'uomo e la natura. Quando un imprenditore ricevette il permesso di abbattere migliaia di alberi per una fabbrica, queste donne erano pronte. Mentre gli uomini del villaggio venivano allontanati con inganno, le donne, guidate da una vedova determinata, corsero nella foresta. Con voce ferma e cuore impavido, affrontarono i taglialegna, gridando il loro amore per quegli alberi e la loro determinazione a proteggerli, anche a costo della vita. E la loro voce fu ascoltata. Il movimento Chipko non si limitò a un singolo villaggio. Si diffuse come una fiamma, dall'abbracciare alberi alla legatura di nastri sacri intorno ad essi, le proteste si moltiplicarono. Canzoni e slogan vennero creati, diventando la voce di un'azione che aveva fatto della semplicità la sua forza. Il movimento, pur essendo piccolo, divenne una potente campagna nazionale per la preservazione delle foreste. E nel 1987, la loro lotta fu riconosciuta con il "Premio per il Diritto alla Sussistenza", una sorta di Nobel alternativo. Questo esempio è preziosa testimonianza di come coraggio individuale, speranza attiva e azione collettiva possano unirsi per creare cambiamenti duraturi. Ogni azione, ogni scelta, fa parte di una rete più ampia di cambiamento. L'azione collettiva, dunque, amplifica l'impatto delle azioni individuali. Nel divenire artefici della propria esistenza, dalla posizione di meri spettatori a quella di agenti del cambiamento, la società si trova a confrontarsi con sfide complesse. La soluzione, forse, sta nella capacità di guardare oltre, di osare a oltrepassare quei confini apparentemente invalicabili della conoscenza. La necessità di vedere oltre le barriere tradizionali della conoscenza implica lo sviluppo di approcci interdisciplinari. L'interazione tra scienze sociali, naturali, tecnologia e arte è essenziale per creare una comprensione olistica della situazione globale. Il concetto non è solo teorico; emerge dalla pratica e dalla necessità. Non viviamo in un mondo lineare, ma in un intreccio di fattori economici, ambientali, tecnologici e umani. Prendiamo, come esempio concreto, il fenomeno delle migrazioni climatiche. Alcune previsioni suggeriscono che, entro la fine del secolo, milioni di persone saranno costrette a spostarsi a causa delle alterazioni climatiche. Ora, se ci approcciassimo a questo problema con un'ottica puramente ambientale, potremmo limitarci a studiare la perdita di habitat o l'innalzamento del livello del mare. Ma le migrazioni climatiche sono molto più complesse: coinvolgono questioni di diritti umani, economia, politica e sicurezza. Pertanto, per affrontare efficacemente il problema, è essenziale adottare uno sguardo più ampio.

Paul Hawken, per esempio, ambientalista e scrittore statunitense, nel suo libro "Drawdown"(2017), offre una visione completa di come possiamo invertire il corso del riscaldamento globale. Tuttavia, non si concentra solo sulle soluzioni tecnologiche o scientifiche, ma comprende anche progetti comunitari, pratiche agricole, ed educazione. È un approccio che trascende i confini della singola disciplina, proponendo un insieme di soluzioni che abbracciano diversi campi del sapere. Ma come traduciamo questa comprensione interdisciplinare in azione? La risposta risiede nella creazione di reticoli connessi di sapere e pratica. Questo significa superare la vecchia idea di sistemi chiusi e impenetrabili, per abbracciare una visione in cui tutto è interconnesso. E in questo reticolo, l'educazione e la partecipazione diventano chiavi di volta. L'educazione non solo fornisce informazioni, ma plasma la mentalità e la visione del mondo. Una cittadinanza istruita, coinvolta e consapevole può agire con maggiore efficacia. Quando le persone sono invitate a partecipare, non come spettatori passivi, ma come attori attivi, emerge una forza potente e trasformativa. Una forza che è adattiva, che impara dagli errori e si evolve in risposta alle mutevoli circostanze.

La soluzione, o le soluzioni, non risiedono in una soluzione miracolosa o in una singola risposta, ma nella resilienza del nostro spirito collettivo. La promessa di un futuro migliore è intrecciata con la nostra determinazione a capire, agire e collaborare. La nostra forza risiede nella nostra umanità, nella nostra capacità di vedere oltre le apparenti contraddizioni e trovare armonia nella diversità. Il futuro è un viaggio, e come in ogni viaggio, la meta non è la sola ricompensa. È il cammino stesso, le scoperte fatte, le connessioni create e la saggezza guadagnata che plasmeranno il nostro domani. Continuiamo ad avanzare con curiosità, empatia e determinazione, per il nostro bene e quello delle generazioni a venire. La chiave è nelle nostre mani, pronte a sbloccare un mondo di possibilità.

BIBLIOGRAFIA

Permacrisi

- Robert M. Sapolsky. *Why Zebras Don't Get Ulcers*. New York: Holt Paperbacks. 2004.
- Edmund Bourne. *The Anxiety and Phobia Workbook*. Oakland, CA: New Harbinger Publications. 2015.
- Edward M. Hallowell. *Worry: Hope and Help for a Common Condition*. New York: Ballantine Books. 1998.
- Barry Schwartz. *The Paradox of Choice: Why More Is Less*. New York: Harper Perennial. 2005.
- Joseph E. LeDoux. *The Emotional Brain: The Mysterious Underpinnings of Emotional Life*. New York: Simon & Schuster. 1998.
- Alex Korb. *The Upward Spiral: Using Neuroscience to Reverse the Course of Depression, One Small Change at a Time*. Oakland, CA: New Harbinger Publications. 2015.
- Nicholas Carr. *The Shallows: What the Internet Is Doing to Our Brains*. New York: W. W. Norton & Company. 2011.

- Neil Postman. *Amusing Ourselves to Death: Public Discourse in the Age of Show Business*. New York: Penguin Books. 2005.
- Cal Newport. *Digital Minimalism: Choosing a Focused Life in a Noisy World*. New York: Portfolio. 2019.
- Sherry Turkle. *Reclaiming Conversation: The Power of Talk in a Digital Age*. New York: Penguin Press. 2015.
- Jon Kabat-Zinn. *Full Catastrophe Living: Using the Wisdom of Your Body and Mind to Face Stress, Pain, and Illness*. New York: Bantam. 2013.
- Martha Davis, Elizabeth Robbins Eshelman, Matthew McKay. *The Relaxation and Stress Reduction Workbook*. Oakland, CA: New Harbinger Publications. 2008.
- Viktor E. Frankl. *Man's Search for Meaning*. Boston: Beacon Press. 2006.
- Kristin Neff. Self-Compassion: *The Proven Power of Being Kind to Yourself*. New York: William Morrow Paperbacks. 2015.
- Barry Glassner. *The Culture of Fear: Why Americans Are Afraid of the Wrong Things*. New York: Basic Books. 2010.
- Tiffany Watt Smith. *The Age of Emotion: How Feelings Rule Our Lives*. Not available as of my last update.
- Robert D. Putnam. *Bowling Alone: The Collapse and Revival of American Community*. New York: Simon & Schuster. 2000.
- Guy Standing. *The Precariat: The New Dangerous Class*. London: Bloomsbury Academic. 2011.
- Thomas Piketty. *Capital in the Twenty-First Century*. Cambridge, MA: Belknap Press. 2014.
- Joseph E. Stiglitz. *Il prezzo della disuguaglianza*. Torino: Einaudi. 2012.
- Joseph E. Stiglitz *Freefall: America, free markets, and the sinking of the world economy*. WW Norton & Company. 2010.

- Kate Raworth. *Doughnut Economics: Seven Ways to Think Like a 21st-Century Economist.* London: Random House Business. 2017.
- Mariana Mazzucato. *Il valore di tutto.* Torino: Einaudi. 2018.
- Naomi Klein. *Questo cambia tutto - Capitalismo vs. Clima.* Milano: Rizzoli. 2015.
- Raj Patel. *Stuffed and Starved.* London: Portobello Books. 2008.
- Erik Olin Wright. *Real Utopias.* Verso Books. 2010
- E.F. Schumacher. *Small Is Beautiful: Economics as if People Mattered.* London: Blond & Briggs. 1973.
- David Graeber. *Debito: I primi 5000 anni.* Verona. Ombre Corte. 2012.
- Serge Latouche. *La crescita è finita! La sfida ecologica.* Torino. Bollati Boringhieri. 2013.
- Mervyn King. *The End of Alchemy: Money, Banking, and the Future of the Global Economy.* London: Little, Brown. 2016.
- Tim Jackson. *Prosperity Without Growth: Economics for a Finite Planet.* London: Earthscan. 2009.
- Rebecca Henderson. *Reimagining Capitalism in a World on Fire.* New York: PublicAffairs. 2020.
- Jean Tirole. *Economics for the Common Good.* Princeton: Princeton University Press. 2017.
- Jeffrey D. Sachs. *The Age of Sustainable Development.* New York: Columbia University Press. 2015.
- Danny Dorling. *Inequality and the 1%.* London: Verso. 2014.
- Tainter, J. A. (1988). *The collapse of complex societies.* Cambridge University Press.
- Reinhart, C. M., & Rogoff, K. S. *This time is different: Eight centuries of financial folly.* Princeton university press.2009

- Piketty, T. *Il capitale nel XXI secolo.* Bompiani.2014.

- Homer-Dixon, T. *The upside of down: Catastrophe, creativity, and the renewal of civilization.* Island Press.2006.
- Holling, C. S. *Resilience and stability of ecological systems. Annual review of ecology and systematics*, 4(1), 1-23.1973.
- Meadows, D. H., Meadows, D. L., Randers, J., & Behrens III, W. W. (1972). *The limits to growth.* New York, 102, 27.
- Brown, L. R. *Plan B 4.0: Mobilizing to save civilization.* WW Norton & Company.2009

Psicologia

1. Robert M. Sapolsky. *Why Zebras Don't Get Ulcers.* New York: Holt Paperbacks. 2004.
2. Edmund Bourne. *The Anxiety and Phobia Workbook.* Oakland, CA: New Harbinger Publications. 2015.
3. Edward M. Hallowell. *Worry: Hope and Help for a Common Condition.* New York: Ballantine Books. 1998.
4. Barry Schwartz. *The Paradox of Choice: Why More Is Less.* New York: Harper Perennial. 2005.
5. Joseph E. LeDoux. *The Emotional Brain: The Mysterious Underpinnings of Emotional Life.* New York: Simon & Schuster. 1998.
6. Alex Korb. *The Upward Spiral: Using Neuroscience to Reverse the Course of Depression, One Small Change at a Time.* Oakland, CA: New Harbinger Publications. 2015.
7. Nicholas Carr. *The Shallows: What the Internet Is Doing to Our Brains.* New York: W. W. Norton & Company. 2011.
8. Neil Postman. *Amusing Ourselves to Death: Public Discourse in the Age of Show Business.* New York: Penguin Books. 2005.
9. Cal Newport. *Digital Minimalism: Choosing a Focused Life in a Noisy World.* New York: Portfolio. 2019.

10. Sherry Turkle. *Reclaiming Conversation: The Power of Talk in a Digital Age*. New York: Penguin Press. 2015.

11. Jon Kabat-Zinn. *Full Catastrophe Living: Using the Wisdom of Your Body and Mind to Face Stress, Pain, and Illness*. New York: Bantam. 2013.

12. Martha Davis, Elizabeth Robbins Eshelman, Matthew McKay. *The Relaxation and Stress Reduction Workbook*. Oakland, CA: New Harbinger Publications. 2008.

13. Viktor E. Frankl. *Man's Search for Meaning*. Boston: Beacon Press. 2006.

14. Kristin Neff. *Self-Compassion: The Proven Power of Being Kind to Yourself*. New York: William Morrow Paperbacks. 2015.

15. Barry Glassner. *The Culture of Fear: Why Americans Are Afraid of the Wrong Things*. New York: Basic Books. 2010.

16. Tiffany Watt Smith. *The Age of Emotion: How Feelings Rule Our Lives*. Not available as of my last update.

17. Robert D. Putnam. *Bowling Alone: The Collapse and Revival of American Community*. New York: Simon & Schuster. 2000.

18. Guy Standing. *The Precariat: The New Dangerous Class*. London: Bloomsbury Academic. 2011.

19. Thomas Piketty. *Capital in the Twenty-First Century*. Cambridge, MA: Belknap Press. 2014.

Economia

1. Thomas Piketty. *Il capitale nel XXI secolo*. Milano: Bompiani. 2014.

2. Joseph E. Stiglitz. *Il prezzo della disuguaglianza*. Torino: Einaudi. 2012.

3. Kate Raworth. *Doughnut Economics: Seven Ways to Think Like a 21st-Century Economist*. London: Random House Business. 2017.

4. Mariana Mazzucato. *Il valore di tutto*. Torino: Einaudi. 2018.

5. Naomi Klein. *Questo cambia tutto - Capitalismo vs. Clima*. Milano: Rizzoli. 2015.

6. Raj Patel. *Stuffed and Starved*. London: Portobello Books. 2008.

7. Erik Olin Wright. *Real Utopias*. This is a series and not a single book, so the publication details may vary depending on the specific volume.

8. E.F. Schumacher. *Small Is Beautiful: Economics as if People Mattered*. London: Blond & Briggs. 1973.

9. David Graeber. *Debito: I primi 5000 anni*. Verona: Ombre Corte. 2012.

10. Serge Latouche. *La crescita è finita! La sfida ecologica*. Torino: Bollati Boringhieri. 2013.

11. Mervyn King. *The End of Alchemy: Money, Banking, and the Future of the Global Economy*. London: Little, Brown. 2016.

12. Tim Jackson. *Prosperity Without Growth: Economics for a Finite Planet*. London: Earthscan. 2009.

13. Rebecca Henderson. *Reimagining Capitalism in a World on Fire*. New York: PublicAffairs. 2020.

14. Jean Tirole. *Economics for the Common Good*. Princeton: Princeton University Press. 2017.

15. Jeffrey D. Sachs. *The Age of Sustainable Development*. New York: Columbia University Press. 2015.

16. Danny Dorling. *Inequality and the 1%*. London: Verso. 2014.

Educazione resiliente

1. Manfredi, P., & Fagiolo, G. (2007). *Growth versus development: Different patterns of industrial dynamics*. Journal of Economic Behavior & Organization, 64(3-4), 373-393.

2. Tainter, J. A. (1988). *The collapse of complex societies*. Cambridge University Press.

3. Reinhart, C. M., & Rogoff, K. S. (2009). *This time is different: Eight centuries of financial folly*. Princeton university press.

4. Stiglitz, J. E. (2010). *Freefall: America, free markets, and the sinking of the world economy*. WW Norton & Company.

5. Piketty, T. (2014). *Il capitale nel XXI secolo*. Bompiani.

6. Homer-Dixon, T. (2006). *The upside of down: Catastrophe, creativity, and the renewal of civilization*. Island Press.

7. Holling, C. S. (1973). *Resilience and stability of ecological systems*. Annual review of ecology and systematics, 4(1), 1-23.

8. Raworth, K. (2017). *Doughnut economics: seven ways to think like a 21st-century economist*. Chelsea Green Publishing.

9. Meadows, D. H., Meadows, D. L., Randers, J., & Behrens III, W. W. (1972). *The limits to growth*. New York, 102, 27.

10. Brown, L. R. (2009). *Plan B 4.0: Mobilizing to save civilization*. WW Norton & Company.

11. Schumacher, E. F. (1973). *Small is beautiful: A study of economics as if people mattered*. Blond & Briggs.

12. Klein, N. (2014). *This changes everything: Capitalism vs. the climate*. Simon and Schuster.

13. Fioramonti, L. (2013). *Gross domestic problem: The politics behind the world's most powerful number*. Zed Books Ltd..

14. Diamond, J. (2005). *Collapse: How societies choose to fail or succeed*. Penguin.

15. Scheidel, W. (2017). *The great leveler: Violence and the history of inequality from the Stone Age to the twenty-first century*. Princeton University Press.

16. Easterly, W. (2006). *The white man's burden: Why the West's efforts to aid the rest have done so much ill and so little good*. Penguin.

Politica

1. Francis Fukuyama - *The End of History and the Last Man.* New York. Free Press. 1992
2. David Goodhart - *The Road to Somewhere: The Populist Revolt and the Future of Politics.* London. Hurst Publishers. 2017
3. Steven Levitsky e Daniel Ziblatt - *How Democracies Die.* New York. Crown. 2018
4. Colin Crouch - *Post-democracy.* Cambridge. Polity Press. 2004
5. David Wallace-Wells - *The Uninhabitable Earth: Life After Warming.* New York. Tim Duggan Books. 2019
6. Amitav Ghosh - *The Great Derangement: Climate Change and the Unthinkable.* Chicago. University of Chicago Press. 2016
7. Edward Luce - *The Retreat of Western Liberalism.* New York. Atlantic Monthly Press. 2017
8. Yochai Benkler, Robert Faris e Hal Roberts - *Network Propaganda: Manipulation, Disinformation, and Radicalization in American Politics.* Oxford. Oxford University Press. 2018
9. Zeynep Tufekci - *Twitter and Tear Gas: The Power and Fragility of Networked Protest.* New Haven. Yale University Press. 2017
10. Michael Lewis - *The Fifth Risk.* New York. W. W. Norton & Company2018